Carl Pöhlig

Der Athener Theramenes

Carl Pöhlig

Der Athener Theramenes

ISBN/EAN: 9783742895882

Hergestellt in Europa, USA, Kanada, Australien, Japan

Cover: Foto ©ninafisch / pixelio.de

Manufactured and distributed by brebook publishing software (www.brebook.com)

Carl Pöhlig

Der Athener Theramenes

DER
ATHENER THERAMENES.

VON

Dr. CARL PÖHLIG,
OBERLEHRER AM GYMNASIUM ZU SEEHAUSEN I. A.

Besonderer Abdruck aus dem neunten Supplementbande der Jahrbücher für classische Philologie.

Die Seitenzahlen sind die des neunten Supplementbandes der Jahrbücher für classische Philologie.

Der Athener Theramenes.

I. Einleitung.

Im letzten Drittel des peloponnesischen Krieges, dem sogenannten Dekeleischen Kriege, und weiterhin in der Zeit des Friedensschlusses und der dreissig Tyrannen gehört zu den Hauptpersonen auf der politischen Bühne der Athener Theramenes. Zwar hat er nie die hervorragende Rolle eines Themistokles, Aristeides, Perikles oder seines Zeitgenossen Alkibiades gespielt — es fehlte ihm hierzu, wenn auch nicht an den erforderlichen Fähigkeiten, so doch an der nöthigen Energie und einer alles mit sich fortreissenden Persönlichkeit — aber trotzdem hat er auch in dieser zweiten Rolle zu verschiedenen Malen entscheidend in die Ereignisse seiner Vaterstadt eingegriffen und ihr Schicksal bestimmt. Nicht leicht aber könnte jemand gefunden werden, dessen Beurtheilung durch verschiedene Umstände, die dabei in Betracht gezogen werden müssen, mit grösseren Schwierigkeiten verknüpft ist, als die dieses Mannes. Die Liebe oder der Hass der Parteien, das Lückenhafte der Ueberlieferungen, der fortwährende Wechsel in den damaligen Zuständen von Athen und das Unbestimmte und Verschwommene in dem Charakter des Theramenes selbst, das alles hat es zu Wege gebracht, dass das Urtheil über ihn gar verschieden lautet, ja bei den einzelnen Schriftstellern selbst oft an unlösbaren Widersprüchen leidet; und so ist es denn gekommen, dass, so viele auch in alter und neuer Zeit über ihn geschrieben und ihn zu schildern versucht haben, es doch an einem einheitlichen, allgemein anerkannten Bilde von ihm durchaus mangelt und wohl auch immer mangeln wird. Von den Zeitgenossen des Theramenes kommen vier in Betracht: Thukydides, Aristophanes, Lysias und Xenophon. Thukydides hält mit seinem Urtheile zurück. Er rechnet Theramenes zu den Männern, die im Jahre 411 die demokratische Verfassung stürzten, nennt ihn aber erst an vierter Stelle nach Peisandros, Antiphon und Phrynichos und fertigt ihn mit den kurzen aber bedeutsamen Worten ab, dass er kein gewöhnlicher Redner und Staatsmann gewesen[1]). Weiterhin schildert er, wie Theramenes und

---

1) Thuk. VIII, 68, 4. Bei den Worten ἀνὴρ οὔτε εἰπεῖν οὔτε γνῶναι ἀδύνατος wird man an die Schilderung des Perikles I, 139, 4 erinnert, wo es ähnlich heisst λέγειν τε καὶ πράσσειν δυνατώτατος.

Aristokrates aus Furcht vor Alkibiades und dem Heere auf Samos zwar sich nicht offen von den Vierhundert loszusagen wagten, aber doch bereits einlenkten und den Antrag auf Einberufung der Fünftausend sowie auf eine grössere politische Gleichheit stellten, in der Erwartung, durch solch ein Laviren zwischen den Parteien im günstigen Augenblicke an die Spitze des Staates zu treten und so ihrem Ehrgeize zu genügen[2]). Endlich nach der Ermordung des Phrynichos wirft Theramenes ganz die Maske ab und tritt offen an die Spitze der von Tage zu Tage sich mehrenden Unzufriedenen, um die Herrschaft der Vierhundert zu stürzen[3]) und eine gemässigte Demokratie wiederherzustellen, der von Thukydides das höchste Lob gespendet worden ist[4]). Mit Thukydides stimmt im wesentlichen überein Aristophanes, indem er die ausserordentlichen Fähigkeiten des Theramenes anerkennt und ihn nur wegen seiner Unbeständigkeit auf dem Gebiete der Politik verspottet[5]).

Im ungünstigsten Lichte erscheint Theramenes ohne Zweifel bei dem Redner Lysias[6]), der ihm die grösste Schuld an dem Verfassungsumsturz im J. 411 beilegt, die Anklage und den Tod des Antiphon und Archeptolemos auf ihn zurückführt und namentlich die Leiden Athens bei der Belagerung im J. 404 sowie die Vernichtung der Demokratie und die Einsetzung der Dreissig seiner ausgesprochenen Perfidie zuschreibt, während er merkwürdigerweise den Feldherrnprozess und den Antheil, den Theramenes dabei gehabt hat, mit keiner Silbe erwähnt. Für die richtige Beurtheilung dessen, was Lysias überliefert, ist dreierlei nicht ausser Acht zu lassen: erstens, dass er Demokrat vom reinsten Wasser war, zweitens, dass die Wunde, die durch den Tod seines Bruders Polemarchos[7]) von Seiten der Dreissig ihm geschlagen war, noch frisch blutete, als er Eratosthenes anklagte und hierdurch die heilige Pflicht der Rache gegen seinen Bruder erfüllte, und drittens, dass er als Redner so wie so schon die Thaten und den Charakter derer, gegen die seine Reden gerichtet sind, mit grelleren Farben zeichnet. Es wird also ein gut Theil von dem, was er uns überliefert, in Abzug zu bringen sein[8]).

---

2) VIII, 89. 3) VIII, 92, 2 ff. 4) VIII, 97, 2. 5) Frösche v. 538 u. 968. 6) Lys. XII, 62 ff. u. XIII, 9 ff. 7) Lys. XII, 17. 8) Wie Lysias jedesmal für seinen Zweck mit den geschichtlichen Thatsachen umspringt, ersehen wir z. B. aus der 14. Rede. Nachdem er von § 35 an Alkibiades als einen Ausbund jeglicher Schlechtigkeit geschildert, kein gutes Haar an ihm gelassen und sogar von seiner Unfähigkeit, als Feldherr den Lakedämoniern Schaden zuzufügen, des weiteren gehandelt hat, versteigt er sich zum Schluss § 38 sogar zu der Behauptung, dass Alkibiades zusammen mit Adeimantos die athenische Flotte verrathen habe, während andere Quellen — Xen. Hell. II, 1, 25; Plut. Alk. 36; Diod. XIII, 105, 3; Nep. Alk. 8, 2 — grade das Gegentheil berichten, dass nämlich Alkibiades, so viel an ihm lag, die athenische Flotte zu retten und die feindliche besiegen in hochherzigster Weise sich erbot. In der 19. Rede aber, wo es Lysias darauf ankommt nachzuweisen, dass

Aehnlich, wenn auch nicht ganz so schlimm als Lysias, hat Xenophon über Theramenes geurtheilt. Er zeichnet ihn sowohl im Feldherrnprozesse als späterhin bei der Belagerung Athens als einen treulosen und selbstsüchtigen Charakter, dem jedes Mittel recht und erlaubt ist, wenn es nur zum Zwecke führt⁹), und nur sein letztes mannhaftes Auftreten gegen Kritias Raserei und die Würde, die er angesichts des Todes zeigt, finden bei ihm warme Anerkennung¹⁰). Wie Plato über Theramenes urtheilte, wissen wir nicht: es findet sich zwar eine Stelle Axioch. 368 D, wo Theramenes und Kallixenos an der Spitze ihrer Partei als die an dem Tode der Feldherrn Schuldigen bezeichnet werden; aber dass dieser Dialog unecht ist, galt schon dem Alterthume als feststehend. Schliesslich mag hier gleich noch eine vereinzelte Notiz des Sokratikers Aeschines aus nächstfolgender Zeit mit angeführt werden, der ebenfalls Theramenes wegen seiner Schlechtigkeit mit den schärfsten Ausdrücken tadelte¹¹).

Während so die Stimmen seiner Zeitgenossen an Theramenes wenig zu loben haben, scheint grade der Nimbus, der seinen Tod umstrahlte, ein Tod, den man unwillkürlich mit dem nur vier Jahre später erfolgten des Sokrates verglich, auf das Urtheil späterer sowohl griechischer als römischer Schriftsteller günstig eingewirkt zu haben. Namentlich bei Diodoros findet sich nichts von alledem, was ihm von den vorhin genannten Schriftstellern zur Last gelegt wurde.

---

grosse Staatsmänner oft gegen die allgemeine Erwartung gar kein oder ein geringes Vermögen ihren Kindern hinterlassen hätten, führt er ausser anderen auch Alkibiades an, sagt § 52, dass er fünf Jahre hintereinander Feldherr gewesen, über die Lakedaimonier gesiegt und ein derartiges Vertrauen bei den Städten genossen habe, dass sie ihm die doppelte Summe als jedem anderen zur Verfügung zu stellen sich bereit zeigten. Er aber sei ärmer gestorben, als er bei der Uebernahme seines Vermögens aus den Händen seiner Vormünder es gewesen. — Um noch ein anderes Beispiel anzuführen, so bezeichnet Lysias XII, 65 Theramenes als denjenigen, der hauptsächlich die Verfassungsveränderung im J. 411 hervorgerufen habe, während XXV, 9 Phrynichos und Peisandros als solche genannt werden und XIII, 73 gar Phrynichos allein, der bekanntlich nicht von Anfang an, sondern erst späterhin in Folge des Bruches, der zwischen den Oligarchen und seinem Todfeinde Alkibiades eingetreten war, auf die Seite der Oligarchen trat und dann allerdings einer ihrer eifrigsten Parteigänger wurde; cf. Thuk. VIII, 68. 3. — In welcher Weise Lysias ganz bestimmt Partei nimmt, ersehen wir ferner daraus, dass bei ihm als eifrigem Demokraten Kleophon eine sehr milde Beurtheilung findet, wie XIII, 12 und XXX, 10. 14, und besonders hervorgehoben wird, dass er, obwohl eine geraume Zeit Leiter des Staates, dennoch ganz arm gestorben sei, cf. XIX, 48; während von anderen Schriftstellern Kleophons Entschiedenheit und Leidenschaftlichkeit, mit welcher er gegen jeden, auch ehrenvollen Frieden war, rücksichtslos gebrandmarkt wird: so überall von Aristophanes, der sein entschiedenster Gegner ist, wie Frösche 679, 1504 und 1532, Thesm. 805; ebenso Isokr. VIII, 75; Diod. XIII, 53. 2; Aeschin. II, 76. Letzterer schreibt III, 150 dem Kleophon gradezu den Ruin Athens zu. 9) Hell. I, 7, 4 und 8; II, 2, 16. 10) II, 3, 56, namentlich die Worte zum Schluss. 11) Athen. V, p. 220, b.

Er führt ihn gleich, wo er zum ersten Male von ihm spricht[12]), mit den Worten ein: „Von alledem (dem Sturze der Vierhundert und der Wiederherstellung der Demokratie) war der Anstifter Theramenes, ein Mann, ehrbar in seinem Leben und ausgezeichnet durch Einsicht vor allen anderen; denn er gab den Rath Alkibiades zurückzurufen, durch den Athen sich wieder erholte, und brachte auch vieles andere zum Heile des Staates zu Wege, in Folge dessen er eine ungewöhnlich dankbare Anerkennung fand." Im Feldherrnprocesse ferner erscheinen bei ihm[13]) Theramenes und Thrasybulos als die angegriffenen, auf welche die Feldherrn hinterlistig durch einen Brief die ganze Schuld zu wälzen suchten. So seien Thrasybulos und Theramenes, um sich ihrer Haut zu wehren und Rache zu üben, statt jenen mit ihrem mächtigen Anhange Beistand zu leisten, vielmehr ihre erbittertsten Ankläger geworden. Und endlich bei der Verfassungsveränderung der Athener 404 schildert er[14]) Theramenes gar als den uneigennützigsten und treu an der alten Verfassung festhaltenden Bürger, der dem Lysandros sich zu widersetzen wagte und nur gezwungen nachgebend deshalb von den Athenern mit unter die Dreissig als Gegengewicht gegen die übrigen gewählt wurde. Dass sein Tod weiterhin bei Diodoros[15]) im höchsten Ruhmesglanze strahlt, bedarf nach dem Gesagten keiner weiteren Auseinandersetzung. Diodoros hat für diesen Theil seines Geschichtswerkes vorzugsweise die Hellenika des Theopompos, eines Schülers des Isokrates, benutzt, der darin die siebzehn Jahre von der Seeschlacht bei Kynos-Sema bis zu der bei Knidos behandelte[16]). Isokrates wiederum nennt die Ueberlieferung einen Schüler des Theramenes. Dieser Umstand sowie die streng aristokratische, lakonenfreundliche Gesinnung des Theopompos lassen erklären, weshalb Theramenes von Diodoros entschieden begünstigt wird[17]). Dieser bildet, so zu sagen, das Gegenstück zu Lysias.

Günstig ist auch das Urtheil des Aristoteles über Theramenes, indem er ihn mit Nikias und Thukydides, dem Sohne des Melesias, zusammenstellt, wenn auch erst in zweiter Linie[18]). Ein ähnliches Lob wird Theramenes von Cäsar ertheilt, der in seinem Anticato den Theramenes dem Perikles an die Seite stellt und mit diesen beiden Männern Cicero vergleicht[19]). Auch Cicero hat von der rednerischen und staatsmännischen Fähigkeit des Theramenes eine so hohe Meinung, dass er seinen Namen zusammen mit Themistokles und Perikles nennt[20]); wie er denn auch von dem Gleichmuthe des vir egregius — so nennt er ihn — entzückt ist, den dieser dem gewissen Tode gegenüber zeigte[21]).

---

12) Diod. XIII, 38, 2.   13) Diod. XIII, 101, 2—3.   14) XIV, 3, 6. 15) XIV, 5.   16) Diod. XIII, 42, 5 u. XIV, 84, 7.   17) Vergl. Breitenb. zu Xen. Hell. Einleitg. § 158 ff.   18) Plut. Nik. 2.   19) Plut. Cic. 39. 20) De orat. III, 16, 59.   21) Tusc. I, 40, 96—97.

Andere Quellen aus späterer Zeit tadeln wiederum Theramenes, wie der Scholiast zu Aristophanes[22], der nicht nur sein Schwanken in politischer Beziehung erwähnt, sondern ihm auch zweierlei gradezu zur Last legt, nämlich die Verurtheilung der Arginusenfeldherrn und die Einsetzung der dreissig Tyrannen. Als gerechte Strafe dafür habe er seinen Tod durch die Dreissig gefunden.

Während so die Stimmen des Alterthums über Theramenes getheilt sind, insofern er von den Späteren im allgemeinen günstiger als von seinen eigenen Zeitgenossen beurtheilt worden ist, haben die Neueren fast durchgängig das Verdammungsurtheil über ihn ausgesprochen. Sie alle folgen mehr oder weniger dem Lysias und Xenophon — das wenige, was Thukydides von ihm berichtet, tritt darüber ganz in den Hintergrund — und da kommen denn zum guten Theil nur die Schattenseiten, die sich allerdings im Charakter des Theramenes zeigen, zum Vorschein, während dagegen die grosse Thätigkeit, die er als einer der bedeutendsten Staatsmänner Athens entfaltete, und die grossen Erfolge, die er als solcher und als Feldherr wirklich erreichte, fast ganz verschwinden. So ist das Bild des Theramenes bis zum Zerrbilde entstellt worden. Da giebt man ihm nicht nur Treulosigkeit schuld, sondern auch Ehrgeiz, Selbstsucht und Grausamkeit ohne irgend welche Regung für Recht, Freunde und Vaterland sollen zu jeder Zeit sein Handeln bestimmt haben[23].

---

22 Schol. zu Aristoph. Frösche 538. 23) Vergl. Herbst, die Schl. bei d. Argin. Hamb. 1855, S. 58. Ebenso scharf urtheilt Sievers, comment. hist. de Xenoph. Hellen. Berol. 1833, bei welchem Theramenes wegen seiner Mantelträgerei so wenig Gnade findet (S. 50), dass ihm gegenüber sogar Kritias als eine ursprünglich edel angelegte Natur erscheint, die mit jugendlichem Feuer nach dem einmal gesteckten Ziele ringend allerdings nichts für heilig gehalten habe, wenn es nur sein Vorhaben förderte — was jedoch mit den unglücklichen Zeitverhältnissen entschuldigt werden müsste — während Theramenes einfach in die Grube, die er anderen gegraben, selbst hineingefallen sei. — Scheibe, die oligarch. Umwälz. in Athen, Leipzig 1841, S. 93, meint sogar, Theramenes sei von Xenophon in seiner Darstellung begünstigt worden (so auch Herbst), was doch höchstens für die letzten Augenblicke in seinem Leben gelten kann. Vergl. auch Wachsmuth, hellen. Alterthumskunde, Halle 1826 Th. 1, S. 200; Blass, att. Beredts. 1, S. 87 ff. — Andere beurtheilen ihn wenigstens in diesem oder jenem Punkte milder. So sagt Grote, Gesch. Griech. übersetzt von Meissner IV, S. 355, dass er „auf entsetzliche Greuelthaten weniger als viele seiner oligarchischen Kameraden vorbereitet" gewesen und lässt ihm im Feldherrnprozesse Gerechtigkeit widerfahren. — Curtius, Gesch. Griechenl. II, S. 614, erkennt die Verdienste des Theramenes um die Rettung Athens 411 und um die Versöhnung der Parteien ohne Blutscenen an. — Ganz vereinzelt steht Hinrichs da, de Theram. Critiae et Thrasyb. reb. et ing. Hamb. 1820, der, nachdem er alles andere an Theramenes mit den schärfsten Ausdrücken gebrandmarkt hat, S. 32 ihn als den Retter Athens 404 und als echten Philosophen im Augenblicke des Todes preist. — Am gerechtesten unter allen wird ihm meines Erachtens Lachmann, Gesch. Griechenl. von dem Ende des pelop. Krieges bis zum Regierungsantritt Alex. d. Gr.

Da mir nun dieses nicht der Wahrheit zu entsprechen scheint, so soll im Folgenden der Versuch gemacht werden, nicht etwa Theramenes vollständig weiss zu waschen, sondern ihm nur gerecht zu werden und anzuerkennen, was anerkannt werden muss; was ihm aber etwa vorzuwerfen ist, auf das richtige Mass zurückzuführen und von einem bestimmten Standpunkte aus zu erklären. Wohl bin ich mir bewusst, dass ich mich damit auf einen Boden begebe, der bei der Lückenhaftigkeit der Ueberlieferung jeden Augenblick unter den Füssen zu schwinden droht; doch bin ich zufrieden, wenn es mir nur gelänge das eine oder andere fester zu begründen und somit einer gerechteren Beurtheilung dieses ungewöhnlichen Mannes die Wege zu bahnen. Wir überlassen uns dabei für die erste Zeit der sicheren, unparteiischen Führung des Thukydides; und wenn statt seiner Lysias und Xenophon eintreten, wollen wir untersuchen, inwieweit ihre Angaben sicheren Glauben verdienen oder zu berichtigen sind.

II. Herkunft, Bildungsgang und erstes Auftreten des Theramenes im J. 411.

Theramenes war der Sohn[1]) des Atheners Hagnon aus dem Demos Steiria[2]), der, ein Zeitgenosse des Perikles, vielfach neben ihm als Feldherr und politischer Gegner auftrat und ebenso wie Thukydides, der Sohn des Melesias, der nach Kimons Tode zeitweise zurückgedrängten, aber doch nie ganz verschwindenden aristokratischen Partei angehörte[3]). In dieser Parteistellung wurde er im

---

Leipzig 1839, der wenigstens in seiner Handlungsweise eine bestimmte politische Ueberzeugung findet, für die er schliesslich den Tod erlitten, wie es nicht anders habe kommen können, da seine Theorie, zwei äusserste Parteien mit einander zu versöhnen, sich als nicht stichhaltig erwiesen habe (S. 53). Ebenso milde und von demselben Standpunkt ausgehend ist die Beurtheilung des Theramenes bei Wattenbach, de quadringentorum Athenis factione. Berol. 1842, S. 55—58, und bei Filleul, Siècle de Périclès, deutsch von Doehler II. Bd. Leipzig 1875.
1) Thuk. VIII, 68, 4 Θηραμένης ὁ τοῦ Ἅγνωνος, ebenso 89, 2; Xen. Hell. II, 3, 30 κατὰ τὸν πατέρα Ἅγνωνα; Lys. XII, 65 καὶ ὁ μὲν πατὴρ αὐτοῦ τῶν προβούλων ὢν ταῦτ' ἔπραττεν. Wenn gegenüber diesen bestimmten Angaben von Zeitgenossen später ihn nur einen Adoptivsohn Hagnons nennen und als seine ursprüngliche Heimath die Insel Keos bezeichnen, wie Schol. zu Aristoph. Frösche 541 u. 970 und Plut. Nik. II, so ist das augenscheinlich eine Fabel, deren Quelle in den Spässen der Komiker über Theramenes zu suchen ist, wie des Eupolis in den Poleis nach Schol. zu Aristoph. Frösche 970 und des Aristophanes selbst an dieser Stelle οὐ Χῖος, ἀλλὰ Κεῖος. Vergl. die Bemerk. Kock's zu diesem V. Auch lag hier gar zu leicht eine Verwechselung mit dem Sophisten Theramenes nahe, als dessen Heimath Suidas s. v. Theramenes Keos bezeichnet, während er den Redner, d. h. unseren Theramenes einen Athener nennt. 2) Schol. zu Aristoph. Frösche 541. 3) Hagnon, des Nikias Sohn, Thuk. IV, 102, 3; II, 58, 1. Er führte im samischen

J. 413 unmittelbar nach der sicilischen Katastrophe zu der Behörde von 10 älteren Männern, den sogenannten Probulen, erwählt, die Vorschläge machen sollten in Bezug auf eine grössere Sparsamkeit in den Staatsausgaben, auf die Beschaffung einer neuen Flotte und überhaupt auf Massregeln, wie sie die Bedrängniss des Augenblickes zu erfordern schien[4]). Dem eben erwähnten Demos Steiria entstammte auch ein Zeitgenosse des Theramenes, der berühmte Thrasybulos, des Lykos Sohn. Es ist mehr als wahrscheinlich, wenn auch kein einziges wirkliches Zeugniss darüber vorliegt, dass die beiden Männer als im gleichen Alter stehend und demselben Demos angehörend einst in ihrer Jugend Freunde und Gespielen waren, die zusammen aufwuchsen und gleichartig sich entwickelten. Hiermit hängt auch wohl die von Hause aus ziemlich gleiche politische Stellung der beiden Männer zusammen, die späterhin allerdings etwas auseinanderging, aber niemals eine so grosse Verschiedenheit zeigte, dass dadurch ihr Verhältniss zu einander ernstlicher getrübt worden wäre. Als Jünglinge lernten beide dann in Athen einen dritten gleichaltrigen jungen Mann kennen, Alkibiades, des Kleinias Sohn, auf den bei seinen herrlichen körperlichen und geistigen Vorzügen die vornehme Jugend von Athen bewundernd hinblickte. Alkibiades wird nicht verfehlt haben, wie auf viele andere, so auch auf diese beiden Jünglinge seine Anziehungskraft auszuüben, so dass sie sich ihm näher anschlossen. Dass ein näheres Verhältniss zwischen Alkibiades und Thrasybulos bestanden habe, ist mehrseitig ausgesprochen worden[5]); vollständig begreiflich aber wird uns erst die

---

Kriege 441/0 zusammen mit Thukydides, wahrscheinlich dem Sohne des Melesias, und Phormion dem Perikles eine Hülfsflotte von 40 Schiffen zu, I, 117, 2, und gründete um 437 Amphipolis IV, 102, 3 u. V, 11, 1. Im J. 430 war er mit Perikles und Kleopompos Anführer einer grossen gegen die peloponnesische Küste gerichten Expedition, die aber, ohne viel auszurichten, bald zurückkehrte und dann ohne Perikles zur Verstärkung des Belagerungsheeres nach Potidaia weitersegelte, freilich ohne auch hier etwas weiter auszurichten, als die Seuche auch nach Athen dorthin zu verschleppen; weshalb denn Hagnon nach empfindlichem Verluste bald wieder absegelte; II, 56 u. 58. Im nächsten Jahre, als der Odrysenkönig Sitalkes gegen Makedonien und die chalkidischen Städte zu Felde zog, finden wir ihn an der Spitze einer athenischen Gesandtschaft bei demselben, um demnächst den Oberbefehl über ein athenisches Hülfscorps zu übernehmen, das zu Sitalkes stossen sollte, aber ausblieb; II, 95, 3. Im J. 421 gehörte er zu den 17 Athenern, welche den Frieden des Nikias beschworen, V, 19 u. 21. Ueber seine politische Stellung verbreitet Licht Plut. Perikl. 32, wo Hagnon den Antrag des Drakontides, dass Perikles vollständige Rechenschaft über die verwendeten Staatsgelder ablegen sollte, dahin abänderte, dass dies nicht vor den Prytanen am Altare der Burggöttin, sondern vor einem Geschworenengerichte stattfinden sollte. 4) Lys. XII, 65; Thuk. VIII, 1, 3; Aristoph. Lys. 421. Vergl. Hermann, Staatsalterth. § 165, Anm. 11 u. 12. 5) Vergl. Scheibe, olig. Umwälz. zu Athen S. 104; Sievers, Gesch. Griechenl. u. s. w. S. 105 und comment. hist. de Xenoph. Hell. S. 27.

ganze Geschichte Athens von 411—403, wenn wir eine Freundschaft oder wenigstens eine aus gleicher Denk- und Handlungsweise hervorgegangene nähere Bekanntschaft dieser drei Männer annehmen[6]).

---

6) Um nur auf einiges gleich im voraus aufmerksam zu machen, erinnere ich hier an die Rückberufung des Alkibiades 411, die wesentlich das Werk des Thrasybulos war (Thuk. VIII, 81), an ihr einträchtiges Handeln auf Samos, wo sie mit höchster Mässigung und Klugheit das Schiffsvolk von übereilten, rachsüchtigen Schritten zurückhielten (Thuk. VIII, 75, 1 u. 86, 4; Plut. Alk. 26) und an die veränderte Haltung, die Theramenes zeigte, als er die Vorgänge auf Samos erfuhr (Thuk. VIII, 89), sowie an die gleiche Mässigung, mit der Theramenes den Frieden zwischen den Parteien in Athen herstellte (VIII, 97). Namentlich dem einmüthigen Zusammenwirken dieser drei Männer hatte Athen noch einmal eine Reihe von Siegen und die unbestrittene Herrschaft des Meeres in der Zeit von 410—408 zu verdanken; vergl. Nep. Alc. V, 5. Mit dem Sturze des Alkibiades war auch der Einfluss des Theramenes und Thrasybulos gebrochen, und der Geist der Mässigung, der bis dahin Athen regiert und beglückt hatte (Thuk. VIII, 97, 2), machte wieder den Leidenschaften einer entfesselten Ochlokratie Platz. Deshalb wurden auch Theramenes und Thrasybulos nicht wieder zu Feldherrn gewählt, obwohl doch grade sie mit Alkibiades sich ausgezeichnet hatten, während ein vierter gleich ausgezeichneter Feldherr, der aber dem Alkibiades ferner stand (vergl. den eigenthümlichen Vorfall der Soldaten beider bei Xen. Hell. I, 2, 15), nach dem Falle des Alkibiades wieder mit neun anderen an die Spitze der Flotte trat (Xen. Hell. I, 5, 16). Nimmt man dazu, dass Thrasybulos und Theramenes beide in der Schlacht bei den Arginusen als Trierarchen kämpften und beide den Befehl zur nachträglichen Aufsammlung der Schiffbrüchigen erhielten (I, 6, 35), dass beide eher als die Feldherrn nach Athen zurückkehrten (Diod. XIII, 101, 2) — von ihrer gleichen Stellung zum Feldherrnprozesse wird weiter unten die Rede sein — ferner dass Theramenes im J. 404 sich gegen die Verbannung des Thrasybulos, Anytos und Alkibiades aussprach (Xen. Hell. II, 3, 42), auch Thrasybulos Einfluss nach Wiederherstellung der gemässigten Demokratie 403 nur in der ersten Zeit der Versöhnung anhielt, während er weiterhin mit dem Stärkerwerden des alten demokratischen Regimentes wieder vollständig zurücktrat (cf. Sievers, Gesch. Griechenl. S. 104 und Doehler (Fillenl), Zeitalter des Perikl. II, S. 300), so sehen wir daraus zum ersten, dass irgend ein persönliches Verhältniss auch zwischen Theramenes und Thrasybulos bestanden haben muss, zum andern, dass Thrasybulos durchaus nicht als reiner Demokrat gelten kann, sondern dass er wie Theramenes mehr einer vermittelnden Richtung zuneigte, die allerdings bei Theramenes einer gemässigten Oligarchie d. h. Aristokratie, bei Thrasybulos einer gemässigten Demokratie entsprach. Nur so erklärt es sich auch ganz einfach, wieso Lysias als radikaler Demokrat bei aller Anerkennung der unzweifelhaften Verdienste des Thrasybulos doch nicht gut auf ihn zu sprechen ist; cf. Sievers, comment. hist. S. 28 u. Anm. 148; Scheibe, olig. Umwälz. zu Athen S. 104 Anm. 6; Doehler a. a. O. Wenn er ihn auch grade nicht in dem Masse wie Theramenes und Alkibiades mit seinem Hasse verfolgt, so legt er ihm doch für die letzte Zeit seines Lebens so mancherlei zur Last, dass er bei der Erwähnung seines Todes nicht umhin kann es auszusprechen, derselbe sei grade zur rechten Zeit für ihn eingetreten (XXVIII, 8). Hält man dagegen die schlichten und doch so schönen Worte Xenophons Hell. IV, 8, 31 Καὶ Θρασύβουλος μὲν δὴ μάλα δοκῶν ἀνὴρ ἀγαθὸς εἶναι οὕτως ἐτελεύτησεν, so springt sofort in die Augen, dass Lysias zum min-

Was den Bildungsgang des Theramenes anlangt, so lässt sich mit Sicherheit annehmen, dass er wie die meisten vornehmen Athener der damaligen Zeit den philosophischen und sophistischen Tagesfragen nicht fern stand, wie er denn gradezu ein Schüler des Sokrates[7]), Prodikos[8]) und Gorgias[9]) genannt wird. Dem Verkehre mit Sokrates scheint er sich aber schon sehr früh entzogen zu haben, und dies ist wohl der Grund, dass sich weder in den philosophischen Schriften Xenophons noch bei Plato irgend eine Stelle findet, die beweisen könnte, dass Theramenes auch in seinen späteren Jahren näheren Umgang mit Sokrates gehabt habe. Zwar berichtet Diodoros[10]), dass Sokrates mit zweien seiner Freunde Theramenes, als er zum Tode abgeführt wurde, zu befreien versucht habe, eine Notiz, die auf ein näheres Verhältniss der beiden Männer zu einander schliessen liesse, doch werden wir weiter unten sehen, dass diese Nachricht wenig Glauben verdient. Und doch, betrachtet man die Ruhe, ja die Heiterkeit, die Theramenes angesichts des Todes bewahrte, so möchte man glauben, dass etwas von Sokrates Geist auch auf ihn übergegangen sei: so sehr wird man unwillkürlich dabei an den Tod des Sokrates selbst erinnert. Wie viel oder wie wenig er sich aber auch mit der Philosophie beschäftigt haben mochte, bald zog ihn das öffentliche Leben und vor allem die Rednerbühne mehr an, wo er Gelegenheit hatte von der zündenden Beredtsamkeit eines Perikles, oder der volksthümlichen eines Kleon, oder der neuen, kunstvollen eines Gorgias Zeuge zu sein. Diesem letzteren sowie dem Prodikos schloss er sich dauernder an, um unter ihrem Einflusse sich zum tüchtigen Redner und Staatsmann heranzubilden. Und dass ihm späterhin die Gabe der Rede in hohem Masse zu Gebote gestanden hat, das können wir, wenn auch keine von seinen Reden auf die Nachwelt gekommen ist[11]), nicht nur aus der hohen Meinung, die Thukydides und Cicero hierin von ihm haben[12]), sondern auch selbst indirekt aus seiner Vertheidigungsrede gegen Kritias, die ihm Xenophon[13]) unzweifelhaft in möglichst treuer Wiedergabe des Gehörten in den Mund legt, und aus ihrer Wirkung auf die Rathsmitglieder entnehmen. Die Ueberlieferung bezeichnet ihn auf diesem Gebiete als den Lehrer des Isokrates, der ihm mit unwandelbarer Liebe ergeben blieb und in den Tod ihm zu folgen sich bereit erklärte[14]). Auch im übrigen muss Theramenes den Eindruck eines

---

desten in parteiischer Weise die Thatsachen übertrieben oder im falschen Lichte dargestellt hat. 7) Diod. XIV, 5, 1. 8) Schol. zu Aristoph. Wolken 361; Athen. V, 62; Suid. s. v. Theram. 9) Βίος Ἰσοκρ. 10) Diod. XIV, 5, 2. 11) Schon zu Cicero's Zeit war nichts mehr davon vorhanden; cf. de orat. II, § 93. 12) Thuk. VIII, 68, 4 ἀνὴρ οὔτε εἰπεῖν οὔτε γνῶναι ἀδύνατος; Cic. de orat. II, § 93; III, § 59; Brut. § 29. 13) Hell. II, 3, 35 ff. 14) Schol. zu Aristoph. Frösche 541; Suid. s. v. Isokr., sowie die verschiedenen kurzen Biographien des Isokrates bei Westermann Βιογρ. S. 245 ff.

vollendet feinen Atheners und einer sehr bedeutenden Persönlichkeit' gemacht haben[15]).

Wie sein Vater Hagnon der alten aristokratischen Partei angehörte, so folgte auch der Sohn in dieser Beziehung der Familientradition, indem bei dem damals immer mehr entbrennenden Kampfe der einander gegenüberstehenden Parteien auch immer mehr sich bei ihm die Ueberzeugung festsetzte, dass weder eine radikale oligarchische noch auch eine ochlokratische Regierung Athen zum Segen gereichen könne, sondern eine gemässigte, vermittelnde Richtung, deren Ziel nicht eigner Vortheil, sondern das Wohl des Vaterlandes und die Erhaltung aller edleren Elemente in der Bürgerschaft sein müsse[16]). Es war dies eine Gesinnung und politische Ueberzeugung, die ihn ohne Zweifel bei seinen bedeutenden Gaben, wenn er zwei Menschenalter früher gelebt hätte, einem Themistokles und Aristeides an die Seite gestellt hätten; so aber hatte er das Unglück mit dieser seiner Ueberzeugung bei seinen Zeitgenossen von Tage zu Tage vereinsamter dazustehen und es mit beiden äussersten Parteien zu verderben. Wohl strafte sich deshalb an ihm die Nichtbeachtung der alten solonischen Mahnung, dass man bei Parteikämpfen auch streng Farbe bekennen solle. Man hat bei der Beurtheilung seines Charakters hierauf im allgemeinen zu wenig geachtet, man stimmte ein in das einmal hergebrachte Lied, dass er der Kothurn sei, der auf beide Füsse passe, d. h. dass er mit beiden politischen Parteien je nach den Umständen es hielte, um beide treulos im gegebenen Augenblicke zu verlassen[17]). Und doch, wollte sich Theramenes bei seinen politischen Grundsätzen, die zu den augenblicklichen Verhältnissen allerdings nicht stimmten, trotzdem am Staatsleben thätig betheiligen, was blieb ihm da anders übrig, als den Versuch zu machen den jedesmal bestehenden Verfassungsformen sich anzupassen und so viel als möglich durch die Macht seiner Persönlichkeit und durch das Ansehen, in dem er beim Volke stand[18]), schädlichen radikalen Auswüchsen nach beiden Seiten hin zum Heile des Staates möglichst die Stange zu halten? Aber so waren nun einmal die alten Griechen, und so sind wir Deutschen es leider auch lange genug gewesen und sind's zum Theil noch: das Princip, d. h. das eigene Parteiinteresse musste vor allen Dingen gewahrt und bis zum äussersten durchgeführt werden, sollte darüber auch der ganze Staat zu

---

15) Aristoph. Frösche 967 Θηραμένης ὁ κομψός (d. h. der geschniegelte, feine, gewandte) — σοφός γ' ἀνὴρ καὶ δεινὸς ἐς τὰ πάντα.   16) Diese Gedanken am Schlusse seiner Vertheidigungsrede bei Xen. Hell. II, 3, 48 ff. Damit stimmt auch, dass ihn Aristoteles bei Plut. Nik. II auf gleiche Linie mit Nikias und Thukydides, dem Sohne des Melesias, stellt.
17) Xen. Hell. II, 3, 30 ὅθεν δήπου καὶ Κόθορνος ἐπικαλεῖται; Aristoph. Frösche 538 u. 967, Lys. 12, 66—67 und Spätere, indem sie die angeführten Worte Xenophons endlos variiren.   18) Das muss selbst Lys. XII, 65 anerkennen.

Grunde gehen. Wohin starre Principienreiterei führen kann, das steht uns Preussen aus der Conflictszeit her noch frisch im Gedächtniss, indem selbst 1866 noch, als der Krieg um unsere Existenz bereits entbrannt war, es trotzdem viele Volksvertreter für ihre Pflicht erachteten „diesem Ministerium keinen Groschen" zu bewilligen. Glücklicher Weise war das Volk damals verständig genug anders zu denken, wie es sich kurz darauf in dem Ergebniss der Wahlen zeigte. Und was wäre denn aus unserem Bismarck geworden, wenn er seine Ueberzeugungen von 1848 starr hätte durchführen wollen? Von ihm können wir lernen, was es heisst, praktische Politik zu treiben und mit allen Parteien und Faktoren zu rechnen, wofern sie das Wohl des Vaterlandes im Auge haben und dahinzielende Massregeln unterstützen, sollten darüber auch eigene Wünsche oder langjährige, liebgewordene Ueberzeugungen zu Grabe getragen werden müssen.

Man verzeihe uns die kleine Abschweifung: sie ist gemacht worden, um an einem recht schlagenden Beispiele zu zeigen, worauf es bei einem Staatsmanne vor allen Dingen ankommt. Sicherlich nicht darauf, starr ein bestimmtes Princip zu verfolgen oder auch an einer bestimmten politischen Partei festzuhalten, sondern darauf, dem Wohle des Ganzen zu dienen, in welcher Weise das auch immerhin stattfinden mag. So lange also eine Partei dies im Auge hat, ist es eine Forderung der Pflicht ihr treu zu bleiben; mit dem Augenblicke aber, wo sie das Wohl des Staates eigenen, selbstsüchtigen Bestrebungen hintansetzt, ist es sogar ein Verbrechen ihr weiter zu folgen. Diese Erkenntniss war freilich den Griechen im allgemeinen zu wenig geläufig: im Gegentheil, überall haben wir das trostlose Bild von politischer Zerissenheit, überall sehen wir die Parteien selbstsüchtig und grausam ihre Zwecke verfolgen, ohne sich viel um das Wohl des ganzen Staates zu bekümmern. Wie mochte also ein Lysias, ein eifriger Demokrat, wie auch ein Xenophon bei dem heissen Kampfe der Parteien trotz des besten Willens im Stande sein, einen so ungewöhnlichen Charakter wie den des Theramenes von dieser Seite gerecht und wahrheitsgetreu zu schildern! Erst die Nachwelt, als über den Parteien stehend, hätte dies gekonnt: aber nur wenige wie ein Aristoteles thaten es; alle anderen begnügten sich meist damit, die Schilderungen des Lysias und Xenophon auf Treu und Glauben anzunehmen.

Wir glaubten diese Betrachtungen gleich hier vorweg nehmen zu müssen, weil sie für die Beurtheilung der politischen Wirksamkeit und des Charakters des Theramenes für uns massgebend sein werden.

Während wir so über Theramenes Jugend, Erziehung und weitere Entwickelung uns nur in Vermuthungen und Wahrscheinlichkeitsrechnungen bewegen konnten, wird mit dem Jahre 411 plötzlich der Schleier zerrissen, und vor unseren Blicken erscheint gleich zum ersten Male das Bild eines grossen und bedeutenden Mannes.

Theramenes ist einer von denen, die die Verfassungsänderung dieses Jahres durchsetzten, und weiterhin der Mann, der vor allen anderen sie wieder stürzte. Dies erscheint auf den ersten Blick allerdings auffällig; man kann sich des Gefühls nicht erwehren, dass Theramenes hier ein Doppelspiel gespielt hat; und dass die grosse Menge seiner Zeitgenossen so dachte, beweist der Umstand, dass grade sein Umspringen in diesem Falle ihm den oben erwähnten Beinamen Kothurn gegeben hat [19]). Sehen wir aber die äusseren Umstände, unter denen dies erfolgte, und die handelnden Personen uns genauer an, so wird die That uns in einem anderen Lichte erscheinen und wir werden Theramenes nicht nur von aller Schuld freisprechen, sondern sogar anerkennen müssen, dass er wie kein anderer sich in diesem kritischen Zeitpunkte die grössten Verdienste um die Rettung Athens erworben hat.

Werfen wir zuerst die Frage auf: wie kam es allmählich zu dieser Verfassungsänderung und was bewog Theramenes ihr näher zu treten? Auf jeden Fall wäre er weit schuldiger, wenn er von vornherein einer von denen gewesen wäre, die sie erdacht, geplant und ins Werk gesetzt hätten. Nun sagt zwar Lysias[20]) und Kritias in seiner Anklage gegen Theramenes bei Xenophon[21]), dass Theramenes die Hauptschuld an der Einsetzung der Oligarchie in diesem Jahre trage; aber Lysias und Kritias sind beide Ankläger und nehmen es mit ihren Behauptungen nicht allzu genau; wenigstens hindert es Lysias durchaus nicht ein ander mal diese Schuld auf Phrynichos und Peisandros und das dritte Mal gar auf Phrynichos allein zu schieben[22]). Doch folgen wir einfach dem, was Thukydides deutlich und ausführlich darüber mittheilt.

Den ersten Anstoss gab Alkibiades. Dieser, der wie vorher in Sparta so jetzt an der kleinasiatischen Küste den Lakedaimoniern zeigte, wo Athen am verwundbarsten zu treffen war[23]), hatte durch ein offenkundiges Verhältniss mit Timaia, der Gattin des Agis, sich diesen zu seinem Todfeinde gemacht[24]); und da auch sein sonstiges Handeln nicht unverdächtig erschien, so hatten es seine Feinde in Sparta durchzusetzen gewusst, dass ein Brief an Astyochos, den Oberbefehlshaber der Lakedaimonier an der kleinasiatischen Küste, abging mit der Aufforderung Alkibiades zu tödten[25]). Dieser aber bekam früh genug davon Wind, ging zu Tissaphernes und suchte nun durch seine Rathschläge den Lakedaimoniern auf alle Weise zu schaden, um so die Möglichkeit zur Rückkehr in sein Vaterland sich zu schaffen. Namentlich aber suchte er seinen Einfluss bei Tissaphernes als entscheidend darzustellen; und als er jetzt zu den oligarchisch Gesinnten bei dem athenischen Heere auf Samos Worte

---

19) Xen. Hell. II, 3, 30.   20) Lys. XII, 65.   21) Xen. a. a. O.
22) S. oben S. 229 Anm.   23) Thuk. VIII, 12.   24) Plut. Alk. 23 u.
Thuk. VIII, 12, 2.   25) VIII, 45, 1.

verlauten liess des Inhalts, dass e. wohl unter einer Oligarchie, aber nie unter einer Demokratie, die ihn vertrieben, nach Athen zurückkehren und Tissaphernes, ja den Perserkönig selbst den Athenern zum Freunde machen könnte, da fanden diese Worte lauten Widerhall in dem Herzen dieser Partei, vor allen bei Peisandros, während Phrynichos allein Alkibiades durchschaute und auf das Unwahrscheinliche seiner Vorspiegelungen und Anerbietungen, wenn auch vergeblich, aufmerksam machte [26]). Und der grosse Haufe des demokratischen Heeres, wenn er auch anfangs von solchen Zumuthungen nichts wissen wollte, schwieg doch schliesslich angesichts der in Aussicht stehenden Freundschaft mit dem Perserkönige oder vielmehr der so sich darbietenden Geldquelle [27]). Persisches Gold, das war der Köder, der bei dem empfindlichen Geldmangel der kriegführenden Parteien — denn die Spartaner hatten von Hause aus keins als eisernes, und auch in den athenischen Finanzen war vollständige Ebbe eingetreten, seitdem die für den äussersten Nothfall zurückgelegte Summe von 1000 Talenten nach dem Abfalle von Chios angegriffen war [28]) — von nun an Thun und Handeln der griechischen Staaten bestimmte und oft genug noch seinen verderblichen Einfluss geltend machen, ja vielfach über die griechischen Waffen den Sieg davontragen sollte. So wurde denn Peisandros nebst anderen Gesandten nach Athen geschickt, um unter denselben Vorspiegelungen das Volk für eine Verfassungsänderung geneigt zu machen [29]). Auch hier erhob sich derselbe oder vielmehr ein noch grösserer Sturm gegen solche Zumuthungen, genährt hauptsächlich durch die Eumolpiden und Keryken, denen Alkibiades vorzugsweise seine Verbannung zu verdanken hatte. Aber Peisandros kehrte sich an nichts, sondern legte einfach jedem der Widersprechenden die Frage vor, womit er denn den Staat zu retten hoffe, wenn die Lakedaimonier bei einer augenblicklich schon gleichen Seemacht und zahlreicheren Bundesgenossen nun auch noch die Freundschaft des Tissaphernes und des Perserkönigs und damit die nöthigen Geldmittel in Händen hätten, während die Athener nichts mehr besässen. Und wenn alle einer solchen Frage nichts als ein trübseliges Schweigen entgegenzusetzen wussten, dann fuhr er fort: „Nun, das alles wird uns zu Theil werden, wenn wir eine gemässigtere, oligarchische Verfassung herstellen, damit der Perserkönig auch Zutrauen zu uns fasst, und Alkibiades zurückrufen, der das allein für uns durchsetzen kann. Nicht Verfassung, sondern Rettung heisst jetzt unsere Losung; gefällt uns späterhin etwas nicht, so können wir ja dann immer wieder die nöthigen Aenderungen eintreten lassen" [30]). Unter solchen Umständen gab das Volk nach und schickte Peisandros an der Spitze einer Gesandtschaft von zehn Männern nach Samos, um weitere

---

26) VIII, 45—49. 27) VIII, 48, 3. 28) II, 24 u. VIII, 15, 1.
29) VIII, 49. 30) VIII, 53.

Schritte in der bezeichneten Richtung zu thun, während in Athen die oligarchischen Klubs nach der Weisung des Peisandros nachdrücklich ihre Thätigkeit zum Sturze der Demokratie entfalten sollten. Und um alles für eine Rückkehr des Alkibiades zu ebnen, lieh das Volk den Verleumdungen des Peisandros über Phrynichos und Skironidas williges Ohr und wählte statt ihrer Leon und Diomedon zu Feldherrn für die Flotte, ein Schritt, der von den entscheidendsten und von Peisandros am allerwenigsten vorauszusehenden Folgen sein sollte[31]). Als jedoch die Unterhandlungen zwischen den athenischen Gesandten und Alkibiades, der für Tissaphernes das Wort führte, durch die übertriebenen Forderungen des Alkibiades — bei der Unmöglichkeit seine Versprechungen zu erfüllen blieb ihm kein anderer Ausweg, um aus seiner schiefen Stellung herauszukommen — sehr bald abgebrochen und die Gesandten zornig nach Samos zurückgekehrt waren, bearbeiteten diese das Heer noch stärker, setzten sich mit den samischen Oligarchen in Verbindung und beschlossen mit ihren Parteigenossen, Alkibiades nunmehr fahren zu lassen und mit Aufbietung aller Mittel und Kräfte die Fortsetzung des Krieges sowie die Begründung ihrer Herrschaft zu betreiben[32]). Zu diesem Behufe ging die eine Hälfte der Gesandtschaft hierhin und dorthin zu tributpflichtigen Inseln und Städten, unter anderen nach Thasos, um für die Einsetzung von oligarchischen Regierungen thätig zu sein, während Peisandros selbst mit der anderen Hälfte nach Athen zurückkehrte, auch seinerseits überall, wo er etwa anlegte, das demokratische Regiment stürzend[33]). In Athen fand Peisandros die Sache schon wesentlich gefördert; namentlich waren Androkles, der bei der Verbannung des Alkibiades sich sehr thätig bewiesen hatte, und einige andere unbequeme Persönlichkeiten heimlich aus dem Wege geräumt und ein Programm für die neue Gestaltung der Dinge ausgearbeitet, das dahin lautete, dass die bisherigen Besoldungen für Dienstleistungen seitens des Staates wegfallen und das volle Bürgerrecht nur 5000 zustehen sollte, die im Stande seien mit ihrem Leibe und Vermögen dem Staate zu dienen[34]). Freilich war dies Programm nur das Aushängeschild, hinter dem man geschickt die eigentlichen Pläne zu verstecken wusste, die lediglich eine unumschränkte Herrschaft der Oligarchen bezweckten. Zwar bestanden bis jetzt noch die äusseren Formen der Demokratie, der Rath der Fünfhundert sowie die Volksversammlungen, aber es wurde nur das in Vorschlag gebracht und von dem geredet, was schon vorher von der Partei genehmigt war. Widerspruch wurde nicht geduldet, und wo er sich etwa zeigte, war man schnell und sicher bei der Hand, um ihn für ewig verstummen zu machen. Und das alles im geheimen, ohne dass nach der That dem Thäter nachgespürt oder eine gerichtliche

---

31) VIII, 54; über Phrynichos Verrätherei vergl. 50—51.   32) VIII, 63.
33) VIII, 64—65, 1.   34) VIII, 65.

Untersuchung anhängig gemacht worden wäre. Nichts sehen, nichts hören, zu allem schweigen, das schien bei dem äussersten Misstrauen, was der eine gegen den anderen hegte, das beste Mittel zu sein, um ungeschoren davon zu kommen. Man wagte nicht einem Bekannten etwas vorzujammern oder seine Hülfe irgendwie in Anspruch zu nehmen, aus Furcht, einem Verschworenen dadurch in die Hände zu fallen. Ueberall spukte das Schreckbild der Fünftausend herum, aber keiner kannte sie, noch vermochte er sie aufzufinden. Genährt und vergrössert aber wurde das gegenseitige Misstrauen noch dadurch, dass so viele der neuen Gestaltung der Dinge sich zugewandt hatten, von denen das niemand geglaubt hätte, d. h. die früher demokratisch gesinnt gewesen waren[35]). So war es denn nicht schwer auch den letzten Schritt zu thun und in äusserlich gesetzlicher Form durch die gefügige Volksversammlung die neue Verfassung bestätigen zu lassen. Ohne dass es einen Tropfen Blut kostete, wurde der alte Rath der 500 abgelohnt und an seine Stelle der neue der 400 gesetzt, der demnächst die Liste der 5000 Vollbürger entwerfen sollte[36]).

Erst jetzt nennt Thukydides zum ersten Mal[37]) Theramenes als einen von den Vieren, die bei diesem Verfassungsumsturz am meisten betheiligt gewesen seien. Als Vorkämpfer erscheint überall Peisandros und das mit Recht, da ihm die Ehre gebührt den ganzen Plan entworfen, vorbereitet und ins Leben gerufen zu haben[38]). Die weitere Ausführung aber und Ausarbeitung des neuen Verfassungsentwurfes übernahm, nachdem Peisandros zur Führung der Unterhandlungen mit Alkibiades und Tissaphernes von Athen wieder abgereist war, der Redner Antiphon, der wie kein zweiter grade hierzu die Fähigkeit besass. Der dritte im Bunde ist Phrynichos, der, seitdem einmal der Bruch mit Alkibiades eingetreten war, um so bereitwilliger sich anschloss, je sicherer er darauf rechnen durfte, dass unter einer oligarchischen Regierung von der Rückberufung seines Todfeindes[39]) Alkibiades keine Rede sein könne. Hatte man doch mit Rücksicht hierauf von einer Amnestirung der unter der Demokratie Verbannten abgesehen, die anderenfalls unbedenklich eingetreten sein würde[40]). Und als vierten endlich nennt Thukydides Theramenes, aber ohne etwas weiter hinzuzufügen, als dass er ein tüchtiger Redner und Staatsmann gewesen sei. Wenn wir jetzt einen Augenblick anhalten und das Gesagte überblicken, so sehen wir, was es mit dem oben[41]) angeführten Vorwurfe des Lysias, dass Theramenes die Hauptschuld an der Einsetzung der Vierhundert trage, auf sich hat. Theramenes ist wie so mancher andere Athener

---

35) VIII, 66.   36) VIII, 67 u. 69; Diod. XIII, 34, 2.   37) Thuk. VIII, 68, 4.   38) 68, 1; vergl. Aristoph. Lys. 490.   39) Thuk. VIII, 68, 3. Ueber die Ursache dieser Feindschaft vergl. VIII, 50. 51. 40) 70, 1.   41) S. 238.

der Revolution beigetreten, ohne anfangs besonders hervorzuragen, und erst die bedeutende Rolle, die er später spielte, hat wohl Thukydides dazu bestimmt auch seinen Namen mit unter die Begründer derselben zu setzen. Der Beweggründe, die ihn zum Beitritt bestimmten, gab es mancherlei, vor allen Dingen aber sprach dafür die augenblickliche Lage Athens. Der entsetzliche Schlag auf Sicilien, der Athen von der Höhe seiner Macht herunterstürzte, war geschehen, und noch lastete der Druck davon schwer auf der Stadt und hielt alles in dumpfer Betäubung gefangen. Doch fühlte man, dass der Schlag kein unverdienter gewesen, dass das unsinnige Gebahren der Demokratie ihn mit herbeigeführt hatte. Drum mochte man von den früheren Wortführern derselben nichts mehr wissen[42]), sondern war geneigt das Ohr mehr verständigen und bedächtigen Rathschlägen zu leihen, die im Stande wären das Staatsschiff in so bedrängter Lage über Wasser zu halten. So kam jetzt diejenige Partei ans Ruder, die früher Nikias geführt hatte, d. h. die Partei der gemässigten, patriotisch gesinnten Männer, der Theramenes' Vater Hagnon als einer der Probulen und Theramenes selbst angehörte. Mit dieser verband sich die kleine, aber äusserst thätige Partei der Oligarchen, welche die herrschende Stimmung vortrefflich zu benutzen verstanden, um einen Umsturz der Verfassung herbeizuführen und ihre eigene Partei ans Ruder zu bringen[43]). Wie sehr die Demokratie in Misskredit gekommen war, das zeigte die Haltung des Heeres auf Samos, das den oligarchischen Plänen anfangs so gut wie keinen Widerstand entgegensetzte, das geht ferner daraus hervor, dass Männer von unzweifelhaft demokratischer Gesinnung, wie Leon und Diomedon[44]), zuerst auf Peisandros Pläne eingingen, das beweist endlich die Stimmung der athenischen Bürgerschaft selbst, die nicht den geringsten Versuch zur Gegenwehr machte, sondern ebenfalls der neuen Wendung der Dinge vielfach mit guter Hoffnung entgegen sah. Die alten demokratischen Einrichtungen schienen für den Augenblick sich überlebt zu haben, und ein Rath, in dem so wenig Gefühl von Ehre und persönlicher Würde steckte, dass er nicht nur ohne weiteres sich abdanken, sondern auch, schmachvoll genug, sich den Lohn für die noch übrige, nicht abgelaufene Amtszeit auszahlen liess, der verdiente es in der That nicht noch weiterhin die Geschicke Athens zu lenken[45]). Endlich kam die allgemeine Sehnsucht nach Frieden einer Umgestaltung der Dinge sehr zu Hülfe[46]): zuerst, als noch die lockende Aussicht auf persische Hülfsgelder und Alkibiades bestand, glaubte man mit Hülfe dieser beiden Faktoren schnell der Feinde Herr werden und so den Frieden erreichen zu können; später

---

42) Isokr. VIII, § 108. 43) Vergl. Curtius, griech. Gesch. II, S. 575.
44) Thuk. VIII, 73, 4 οὗτοι γὰρ οὐχ ἑκόντες διὰ τὸ τιμᾶσθαι ὑπὸ τοῦ δήμου ἔφερον τὴν ὀλιγαρχίαν. 45) 69, 4. 46) Vergl. Aristoph. Lysistrate, die in demselben Jahre aufgeführt wurde und deren Motiv der Friede um jeden Preis ist; z. B. v. 1055 u. 1159.

aber, als diese Hoffnung schwand, hielt man wenigstens eine oligarchische Regierung für geeigneter mit den Lakedaimoniern Unterhandlungen anzuknüpfen, als eine demokratische[47]). War also dies alles für manchen Athener, dem die Zukunft seiner Vaterstadt am Herzen lag, schon Grund genug der Demokratie den Rücken zu kehren, so musste vollends für Theramenes noch entscheidend in die Wagschale fallen, dass, wie wir oben gezeigt haben[48]), eine aristokratische oder gemässigte oligarchische Regierung seinem politischen Ideale am meisten entsprach, sowie dass anfangs damit eine Rückkehr seines alten Freundes Alkibiades, der nach der allgemeinen Ansicht Athen allein noch retten konnte, in Aussicht stand. Er griff zu, ohne sich lange zu besinnen, abwartend, wie weit die neue Regierung im Stande sei das, was sie in Aussicht stellte, auch wirklich zu leisten.

Die Vierhundert traten anfangs so viel wie möglich in die Fussstapfen der alten Demokratie, loosten einen Ausschuss aus ihrer Mitte aus, brachten die althergebrachten Opfer und Gebete und riefen, allerdings mit Rücksicht auf Alkibiades, die Verbannten nicht zurück, um so dem Volke den Uebergang minder fühlbar zu machen. Sie kamen auch dem allseitigen Verlangen nach Frieden entgegen und schickten Gesandte behufs anzuknüpfender Unterhandlungen zum Könige Agis nach Dekeleia, der dieselben jedoch kurz abwies. So blieb die Ruhe und Eintracht in der Stadt bewahrt; und als Agis mit einem starken Heere heranzog, in der Hoffnung, bei den inneren Unruhen sich der langen Mauern bemächtigen zu können, fand er alles wohl besetzt und vertheidigt und musste mit blutigen Köpfen wieder abziehen[49]). Späterhin jedoch zeigte die neue Regierung einen von der früheren Demokratie ganz abweichenden Charakter: sie war in allen Stücken eine gewaltthätige, warf diese und jene in den Kerker oder trieb sie ausser Landes und verurtheilte einige, wiewohl nicht viele, zum Tode, deren Beseitigung zweckdienlich erschien[50]). Diese Gewaltthätigkeit bewies sie auch gegen die Mannschaft der Paralos, die von Samos nach Athen abgesandt war, um die Nachricht zu bringen, dass die Samier mit Hülfe der Athener und namentlich der Paraler oligarchischer Bestrebungen in ihrer Stadt Herr geworden seien[51]): man nahm der Mannschaft ihr Schiff und steckte sie in ein anderes gewöhnliches, mit der Bestimmung, um Euboia zu kreuzen, während der Befehlshaber Chaireas mit etlichen anderen festgenommen wurde. Doch gelang es ihm zu entkommen und die Nachricht von dem Geschehenen nach Samos zu bringen, indem er die Schreckensherrschaft der Vierhundert ins ungeheuerliche ausmalte[52]). Und hatte schon vorher die Flottenmannschaft unter Anführung des Leon, Diomedon, Thra-

---

47) Thuk. VIII, 70, 2.   48) S. 234 u. 236.   49) Thuk VIII, 70. 71.
50) VIII, 70, 2; Lys. XX, 8.   51) Thuk. VIII, 73.   52) VIII, 74.

sybulos und Thrasylos ihre alte demokratische Gesinnung in der Unterstützung der Samier bethätigt, so schlug diese neueste Nachricht dem Fasse vollends den Boden aus: unter der Führung des Thrasybulos und Thrasylos verpflichtete man sich und die Samier mit den feierlichsten Eidschwüren — auch die oligarchisch Gesinnten von den Athenern wurden dazu gezwungen —, dass man an der Demokratie und Eintracht sowie an der heldenmüthigen Fortführung des Krieges festhalten und nichts mit den Vierhundert zu thun haben wolle [53]). Dann wurde Alkibiades durch Volksbeschluss zurückgerufen, namentlich in Folge der unablässigen Bemühungen des Thrasybulos, der den Leuten vorstellte, dass dieser allein im Stande sei Tissaphernes den Lakedaimoniern abwendig zu machen und auf die Seite der Athener zu bringen und somit dem Kriege die entscheidende Wendung zu geben. Thrasybulos selbst machte sich auf ihn zu holen [54]), und als er dann sofort zum Feldherrn vom Heere gewählt war [55]) — Thrasybulos und Thrasylos waren schon vorher als solche an Stelle von Diomedon und Leon ausersehen worden [56]) —, übernahm er von jetzt ab die erste Rolle, die ihm als dem fähigeren sein Freund Thrasybulos willig und neidlos überliess. Alkibiades allein war jetzt im Stande das Schiffsvolk von unüberlegten, rachsüchtigen Schritten zurückzuhalten, als es sich an den Gesandten der Vierhundert vergreifen und nach Athen aufbrechen wollte [57]); er allein gab auch diesen Gesandten im Namen des Heeres die vom Geiste der Versöhnung getragene Antwort, dass er nichts gegen eine Herrschaft der Fünftausend einzuwenden habe noch auch gegen die Sparsamkeit, die man in den Staatsausgaben habe eintreten lassen, wenn sie dem Heere zu Gute käme; aber die Vierhundert müssten abdanken. Uebrigens solle man muthig gegen die Feinde ausharren, da man, wenn so der Staat gerettet würde, wohl in dieser oder jener Weise eine Verständigung und Versöhnung beider Parteien finden würde [58]).

So waren die entscheidenden Würfel auf Samos gefallen, und damit war auch das Schicksal der Vierhundert besiegelt. Es war ja von Hause aus keine geschlossene Partei gewesen: die wenigen radikalen Oligarchen hatten sich, um ihre selbstsüchtigen Pläne ausführen zu können, mit der alten aristokratischen Partei und anderen gemässigten, patriotischen Elementen der Bürgerschaft verbunden [59]). Diese lose aneinander gefügte Masse hätte als Ganzes nur dann Aussicht auf längere Dauer gehabt, wenn die Flotte auf Samos bereitwillig auf ihre Pläne eingegangen wäre. So aber war grade das Gegentheil von dem, was man nach Peisandros Versicherungen erwartet hatte, eingetreten und alle Berechnungen zu Schanden geworden; ja die, denen man vorzugsweise Vertrauen geschenkt und

---

[53]) VIII, 75.   [54]) VIII, 81, 1.   [55]) 82, 1.   [56]) 76, 2.   [57]) 82, 2; 86, 2 u. 4—5.   [58]) 86, 6—7.   [59]) Lys. XX, 1.

dadurch hatte an sich ziehen wollen, wie Leon und Diomedon, waren in erster Linie mit diejenigen gewesen, die den Anstoss zu der neuen Wendung der Dinge gegeben hatten. Dazu die so klug berechnete, massvolle Antwort, die Alkibiades den Gesandten gegeben hatte, die nichts von rachesüchtigen Plänen enthielt, sondern an die Vaterlandsliebe eines jeden Atheners sich wendend zum muthigen Ausharren gegen den gemeinsamen Landesfeind aufforderte, ja die meisten der getroffenen Aenderungen in der Staatsverwaltung gutheiss, wenn nur die Vierhundert abdankten. Schliesslich die Haltung der Flotte selbst, die sich so zum Heile des Vaterlandes umstimmen liess und lieber auf dem anvertrauten Posten dem Feinde gegenüber ausharrte, als nach Hause zurückkehrte, um Weib, Kind und Besitzthum vor der vermeintlichen Grausamkeit und Habsucht[60]) ihrer Feinde zu schützen. Es war allerdings ein gewagtes Spiel, was Alkibiades spielte. Das Nächstliegende wäre gewesen mit der Flotte nach Athen zurückzukehren und als Retter und Beschützer der unterdrückten Freiheit einzuziehen. Aber solch einen mit dem Vergiessen von Bürgerblut und dem Verluste der kleinasiatischen Küste verbundenen Einzug verschmähte er. Er strebte nach Höherem: nicht das halbe, sondern das ganze Athen wollte er retten, nicht ein Athen ohne die ionischen Kolonien, was so gut wie kein Athen war, sondern ein Athen als Königin des Meeres wiederbringen, freilich auf die Gefahr hin, dass die Stadt selbst darüber durch die Verrätherei der Vierhundert an die Lakedaimonier verloren ging. Aber er hegte die feste Hoffnung, dass in diesem gefährlichen Momente die Athener daheim ebensoviel Vaterlandsliebe und gesunden politischen Sinn bekunden würden wie die auf Samos, und von diesem Gesichtspunkte aus verdient dieser sein Schritt volle Anerkennung[61]).

Der Erfolg rechtfertigte ihn. Denn sowie die Nachricht von den Ereignissen auf Samos nach Athen gelangte, trat die Spaltung in den Reihen der Bürgerschaft und der Vierhundert offen zu Tage. Viele von letzteren waren ja durchaus nicht oligarchisch gesinnt und schon seit längerer Zeit geneigt in dieser oder jener Weise von dem halb aufgezwungenen Bündnisse ohne Gefahr wieder loszukommen[62]). Bisher hatte ihnen nur ein Führer gefehlt; jetzt war er gefunden in der Person des Theramenes, der unter den Vierhundert das Amt eines Feldherrn bekleidete. Ihm schloss sich in gleicher Stellung Aristokrates, der Sohn des Skellias, und andere der angesehensten Männer aus den Reihen der Vierhundert an[63]). Aristokrates gehörte wie Theramenes der gemässigten aristokratischen Partei an[64]). Für Theramenes musste für diese Schwenkung ausser den vorhin an-

---

60) VIII, 74, 3. 61) VIII, 86, 4. Vergl. Curtius, Griech. Gesch. II. S. 606. Anders Grote IV, S. 358 u. 365, der die Handlungsweise des Alkibiades in diesem Falle scharf verurtheilt. 62) Thuk. VIII, 89, 1 63) 89, 2. 64) Aristoph. Vögel v. 126

geführten Erwägungen auch noch der Umstand von Bedeutung sein, dass die Leitung der Dinge auf Samos augenblicklich Alkibiades und **Thrasybulos** in Händen hatten, die, wie ich oben [65]) gezeigt habe, von gleicher Denkart wie er selbst waren und ihm irgendwie näher standen. Und mag zum Schluss auch etwas Ehrgeiz, von Thukydides als die hauptsächlichste Triebfeder bezeichnet, mit untergelaufen sein: in einem durch und durch demokratischen Staate wie Athen, wo jedem Bürger der Weg zu den höchsten Würden offen stand, war das so sehr an der Tagesordnung, dass Thukydides es getrost als allgemeinen Satz hinstellen konnte, dass jeglicher, weit entfernt eine gleiche Stellung wie andere einnehmen zu wollen, vielmehr danach gestrebt habe der erste zu sein, und das um so mehr, wenn einmal wie im vorliegenden Falle die demokratische Verfassung in eine oligarchische übergegangen sei [66]).

Die Partei der Vierhundert verlor von nun an täglich mehr an Boden: schon begnügte man sich nicht damit heimlich zu einander zu gehen, sondern wagte es offen zusammenzutreten, über Staatsangelegenheiten zu sprechen und auf die Zustände zu schimpfen. Dann ging man weiter und stellte, ganz der Botschaft des Alkibiades entsprechend, die Forderung auf Festsetzung der Fünftausend, die endlich nicht nur dem Namen nach, sondern in der That da sein müssten, sowie auf eine grössere politische Gleichheit [67]). Was letzteres besagen wollte, war klar: es hiess die Abdankung der Vierhundert; nur wählte man diesen allgemeinen Ausdruck, weil man sich vorläufig noch scheute das Ding bei seinem rechten Namen zu nennen. Was wäre nun die Pflicht der oligarchischen Minderheit gewesen? Doch wohl, die dargebotene Hand der Versöhnung zu ergreifen und einen irgendwie erträglichen Vergleich anzustreben, dessen Zustandekommen augenblicklich durchaus nicht schwer gewesen wäre. Statt dessen aber ging sie in ihrer vaterlandslosen Gesinnung so weit, Unterhandlungen mit den Lakedaimoniern anzuknüpfen und Massregeln zu ergreifen, die beiderseits auf die Vernichtung der Selbständigkeit Athens hinzielten. Ihr Programm war bis dahin die Erhaltung der vollen athenischen Herrschaft, die Colonien mit eingeschlossen, gewesen; aber sie war auch entschlossen letztere dranzugeben, ja, wenn es sein musste, Stadt und Schiffe zu opfern, wofern sie nur dadurch einer Wiederherstellung der ihr verhassten Demokratie entging und die eigene Herrschaft und persönliche Sicherheit rettete [68]). Antiphon und Phrynichos wurden nach Sparta geschickt an der Spitze einer Gesandtschaft, die den Auftrag hatte den Frieden unter jeder Bedingung abzuschliessen. Und um einem An-

---

65) S. 234.   66) Thuk. VIII, 89, 3—4. Lys. XII, 66 führt als Beweggründe natürlich nur Neid und Missgunst gegen seine Parteigenossen, die ihm den Rang abgelaufen hätten, und Furcht vor dem Volke an. 67) Thuk. VIII, 89, 2.   68) 91, 3.

griffe von Seiten der athenischen Flotte vorzubeugen, war schon
früher der Bau eines Bollwerkes auf Eetioneia, dem Hafendamme
am Peiraieus, angefangen und damit der erste Anstoss zum Zerwürfniss unter den Vierhundert gegeben worden[69]). Ueber die Bestimmung dieses Bollwerkes, das auch die Kornmagazine in sich schloss, war man von vornherein im Volke sich nicht recht klar, und es wurde darüber mancherlei gemunkelt. Jetzt aber erklärte Theramenes offen, dass es nicht sowohl die Bestimmung habe das Einlaufen der samischen Flotte zu verhindern, als vielmehr eine Besatzung der Feinde aufzunehmen und Athen zu verrathen. Das war eine schwerwiegende Beschuldigung, die Theramenes seinen früheren Parteigenossen ins Gesicht schleuderte, eine Beschuldigung, die, wäre sie nicht wahr gewesen und lediglich zum Verderben seiner nunmehrigen Gegner vorgebracht worden, allein ausreichte das Verdammungsurtheil, was man allgemein über Theramenes ausgesprochen halt, als ein im vollsten Masse gerechtfertigtes anzuerkennen. Aber leider deutete alles darauf hin, dass er Recht hatte. Der Bau auf Eetioneia wurde mit aller Macht beschleunigt[70]), so dass er bald so weit war, im Nothfalle vertheidigungsfähig zu sein. Dann kam die Gesandtschaft aus Sparta zurück und erklärte zu allgemeinem Erstaunen nichts ausgerichtet zu haben[71]). Dass die Lakedaimonier aber eine so günstige Gelegenheit sich hätten entgehen lassen, war schwer zu glauben; es sprach vielmehr alles für heimliche Abmachungen, die Athen vollständig in die Hand der Oligarchen und der Lakedaimonier geben sollten. Namentlich wies Theramenes auf eine Flotte von 42 Schiffen hin, die segelfertig in einem lakonischen Hafen gewartet haben und jetzt herannahen sollte, nicht sowohl um Euböa, was schon seit längerer Zeit seinen Abfall von Athen vorbereitete, darin zu unterstützen, als vielmehr mit Hülfe der Vierhundert sich in Eetioneia festzusetzen[72]). So wuchs von Stunde zu Stunde die Aufregung: Phrynichos wurde unmittelbar nach seiner Rückkehr von Sparta am hellen Tage mitten auf dem Markte, als er aus der Rathsversammlung trat, erschlagen. Der Thäter entfloh, und aus seinem Helfershelfer, den man ergriff und auf die Folter spannte, konnte man weiter nichts herausbringen, als dass er von vielen Zusammenkünften hie und da wüsste[73]). Da nach diesem Morde weiter nichts kam, ja einige von den Vierhundert Athen verliessen[74]), so trat Theramenes immer kühner auf. Als er vernahm,

---

69) 90, 2.   70) 90, 4 u. 92, 1.   71) 91, 1.   72) 91, 2—3.
73) 92, 2. Etwas anderes bei Lys. XIII, 70—72, wo als Thäter Thrasybulos aus Kalydon und Apollodoros aus Megara genannt werden. Dieselben Namen auch bei Lyk. gegen Leokr. 30, § 112, aber im übrigen ganz abweichend und unrichtig.   74) Lys. XIII, 73; der Ausdruck οἱ πολλοὶ τῶν τετρακοσίων ἔφυγον ist übertrieben. Aber wahrscheinlich soll sich die ganze Stelle nicht auf die Zeit unmittelbar nach dem Morde des Phrynichos, sondern auf den Sturz der Vierhundert überhaupt beziehen.

dass die oben erwähnte lakedaimonische Flotte erst in Epidauros
und dann auf Aigina angelegt habe, wies er darauf hin, dass dies
nicht der Weg sei, um direkt Euboia zu erreichen, sondern dass das
Ziel Athen selbst sein müsste; nun dürfe man nicht länger die Hände
in den Schoss legen. Seine Worte fielen auf fruchtbaren Boden: die
bei dem Bau auf Eetioneia beschäftigten Schwerbewaffneten erhoben
sich unter Anführung des Aristokrates, nahmen den oligarchisch
gesinnten Feldherrn Alexikles gefangen und sperrten ihn in ein Haus
ein, während von allen Seiten Bewaffnete zusammenliefen und sich
ihnen anschlossen[75]). Die Vierhundert waren grade im Rathhause
versammelt, als die Kunde hiervon ankam: da schrie man auf, drohte
Theramenes und seinem Anhange und machte Miene zu den Waffen
zu greifen. Theramenes rechtfertigte sich und erklärte sich bereit
Alexikles selbst zu befreien. Er forderte einen von den Feldherrn,
der mit in das Einverständniss gezogen war, zum Mitgehen auf.
Nun allenthalben Aufruhr und Verwirrung: die in der Stadt eilen
zu den Waffen und geben schon den Peiraieus und Alexikles verloren, die im Peiraieus befürchten jeden Augenblick den Anzug der
Gegenpartei. Kaum wird die Ruhe durch einige ältere, patriotische
Männer aufrecht erhalten und Thätlichkeiten vorgebeugt. Theramenes langt im Peiraieus an und macht zum Schein böse Miene zu
dem Geschehenen, während Aristarchos und andere der Gegenpartei
im hellen Zorne drohende Worte fallen lassen. Die Hopliten aber
rücken festgeschlossen vor und richten an Theramenes die Frage,
ob er der Meinung sei, dass der Bau des Bollwerkes Athen zum
Heile diene, oder ob es besser sei dasselbe niederzureissen. Er
antwortet: wenn es ihnen gut dünke es niederzureissen, so habe
auch er nichts dagegen. Sofort beginnt das Zerstörungswerk; von
allen Seiten eilt man herbei und legt Hand an; das Feldgeschrei ist:
„Wer da will, dass die Fünftausend anstatt der Vierhundert regieren,
der lege Hand ans Werk!" So sehr spukte noch immer das Schreckbild der Fünftausend, dass man den Namen Volksherrschaft auszusprechen ängstlich vermied[76]); zugleich aber sehen wir darin den
Willen der Menge auf die Vorschläge des Alkibiades einzugehen.
Am anderen Tage entliess man nach Beendigung des Zerstörungs-
werkes Alexikles und versammelte sich mit den Waffen in der Hand
im Munychischen Theater, von wo man nach einem förmlichen Volks-
beschlusse nach dem Anakeion, dem in der Stadt gelegenen Heilig-
thume der Dioskuren, weiter zog. Hierher schickten auch die im
Rathhause versammelten Vierhundert eine Gesandtschaft, um nunmehr das zuzugestehen, was Theramenes vorher vergeblich gefordert
hatte: es sollte wirklich das Verzeichniss der Fünftausend entworfen
werden und grössere politische Gleichheit eintreten, insofern die
Vierhundert zwar fort bestehen, aber abwechselnd aus den Reihen

---

75) Thuk. VIII, 92, 3—5. 76) 92, 6—11.

der Fünftausend genommen werden sollten. Namentlich bot Antiphon die ganze Macht seiner Beredtsamkeit auf, um zur Eintracht zu mahnen[77]); und da man auch von Seiten der Volkspartei gleiche Mässigung zeigte, so einigte man sich bald über einen bestimmten Tag, wo auf Grund der vorgeschlagenen Aenderungen das Versöhnungswerk weiter fortgesetzt werden sollte[78]).

Der Tag erschien, schon versammelte sich das Volk im Dionysischen Theater, da verbreitete sich die schreckensvolle Nachricht, dass die lakedaimonische Flotte, auf welche Theramenes so oft hingewiesen hatte, von Megara her an Salamis vorübersegle. Nun sah man ein, mit wie gutem Grunde Theramenes seine warnende Stimme hatte ertönen lassen, und war froh noch zur rechten Zeit die Zwingburg auf Eetioneia vernichtet zu haben. Alles stürzt nach dem Peiraieus, steigt in die bereit liegenden Schiffe oder zieht sie ins Meer, während andere die Mauern besteigen oder zur Hafenmündung eilen, um die Feinde am Landen zu verhindern[79]).

Aber Agesandridas, der Befehlshaber der feindlichen Flotte, machte keine Miene in den Hafen einzulaufen. Er fand sich in seinen Erwartungen getäuscht, sah die Zwingburg zerstört und statt des gehofften Zuzuges der Vierhundert den ganzen Hafen und Hafendamm voll von Menschen, bereit jeglichem Angriffe mit Nachdruck zu wehren. So segelte er vorüber auf Sunion zu. Nun neuer Schreck und Aufruhr. Jedermann begriff, dass es sich jetzt um Euboia handele. Rasch bemannte man so viele Schiffe, als man irgend konnte, und schickte sie dorthin. Doch vergeblich. Trotz heldenmüthiger Gegenwehr verlieren die Athener unter Thymochares Oberbefehl durch die Verrätherei der Eretrier die Seeschlacht: 22 Schiffe gehen von den 36 verloren, und in wenigen Tagen ist Euboia ausser Oreos von der athenischen Herrschaft befreit[80]).

Den Schrecken und die Aufregung, die diese Nachricht in Athen verbreitete, malt uns Thukydides mit den düstersten Farben. Nicht die sicilische Niederlage, nicht sonstwie ein grosses Unglück hatte bis dahin solche Bestürzung hervorgerufen. Und in der That, die Lage der Athener war bedenklich genug. Die letzte Flotte und Schiffsmannschaft, die sie ausser der samischen noch hatten, war verloren gegangen und Euboia, die nächste und bei weitem wichtigste unter den Kolonien, dadurch von Athen losgerissen. Die samische Flotte aber stand augenblicklich ausser Zusammenhang mit der Stadt, bildete so zu sagen für sich einen eigenen Staat. Dazu die Wirren in Athen selbst, wo der kleinste Funke jetzt aus-

---

77) Unzweifelhaft bei dieser Gelegenheit hielt Antiphon seine mehrfach erwähnte Rede περὶ ὁμονοίας. S. Blass, Att. Beredts. I, S. 94.
78) Thuk. VIII, 93. Nach Lys. XX, 13—14 übernahm Polystratos, von den Vierhundert halb dazu gezwungen, das unliebsame Werk die Bürgerliste zu entwerfen, und um keinem zu nahe zu treten, setzte er statt Fünftausend Neuntausend auf.   79) Thuk. VIII, 94.   80) VIII, 95.

reichte einen allgemeinen Brand zu entfachen. Wahrlich, hätten die Lakedaimonier nur ein Fünkchen Einsicht und Entschlossenheit gezeigt, wäre jetzt Agis zu Lande und Agesandridas zu Wasser gegen Athen vorgegangen, man hätte dadurch entweder die Entzweiung im Innern der Stadt noch vergrössert und mit Leichtigkeit die Einnahme bewerkstelligt, oder wenigstens, im Falle die Eintracht trotzdem zu Stande gekommen wäre, die samische Flotte gezwungen zum Schutze der bedrängten Vaterstadt heranzusegeln und damit alle noch übrigen Kolonien preiszugeben[81]).

Aber die Lakedaimonier rührten sich nicht, und Athen war gerettet. Was nun Thukydides von der Versöhnung der Parteien und der neuen Verfassung berichtet, ist äusserst kurz und summarisch gehalten. Um gegen eine heransegelnde feindliche Flotte wenigstens etwas in Bereitschaft zu haben, rüstete man 20 Schiffe aus. Dann berief man eine Volksversammlung nach der Pnyx, der althergebrachten Stätte in den Zeiten der Demokratie, schon dadurch bekundend, dass man wieder in die Bahnen derselben einlenken wolle. Und doch war das, was man jetzt schuf, keine Demokratie, wenigstens nicht in dem Sinne von früher. Es war ein Compromiss zwischen den beiden Parteien, dasselbe, was Alkibiades als seine Forderung den Abgesandten der Vierhundert im Namen des Heeres geantwortet und Theramenes bei den Vierhundert befürwortet hatte, ein Mittelding zwischen Demokratie und Oligarchie, ohne die fehlerhaften Auswüchse beider. Die Vierhundert legten ihr Amt nieder, und die Fünftausend nahmen die Leitung der Angelegenheiten in die Hand; doch wurde die Zahl der letzteren nicht fixirt, sondern die Bestimmung getroffen, dass alle dazu gehören sollten, die als Hopliten dienen oder eine vollständige Rüstung stellen könnten. Die Besoldung für Staatsämter blieb beseitigt, und die Uebertretung dieser Bestimmung wurde mit einem Fluche belegt. Das waren die wesentlichsten Punkte, die diese erste constituirende Versammlung festsetzte; dass die Archonten und der Rath der Fünfhundert wieder in ihre alten Funktionen eintraten, übergeht Thukydides als selbstverständlich. Später fanden dann noch andere Volksversammlungen statt, um diese oder jene Punkte der Verfassung weiter zu bestimmen, wie z. B. eine Commission zur Revision der alten und Ausarbeitung neuer Gesetze zu ernennen[82]). In einer derselben wurde auf Antrag des Kritias[83]), den namentlich Theramenes dabei unterstützte[84]), die Zurückberufung des Alkibiades und anderer beschlossen und Boten an ihn wie an das samische Heer gesandt, um die dort getroffenen Aenderungen und Wahlen zu bestätigen und zum energischen Handeln aufzufordern[85]).

---

81) VIII, 96. 82) 97, 1—2. 83) Plut. Alk. 33. 84) Nep. Alc. 5, 4 suffragante Theramene populi scito restituitur. Ungenau Diod. XIII, 38, 2 u. 42, 2. 85) Thuk. VIII, 97, 3.

So war nach einer Dauer von nur vier Monaten[86]) die Herrschaft der Vierhundert wieder gestürzt und eine neue Verfassung begründet. Thukydides ertheilt derselben uneingeschränktes Lob mit den Worten: „Augenscheinlich haben die Athener zum ersten Male während meines Lebens ganz besonders gut ihre Verfassung eingerichtet. Es trat nämlich eine massvolle Mischung von Oligarchie und Demokratie ins Leben, und das brachte den Staat aus schlimmen Zuständen zuerst wieder empor"[87]). Fragen wir aber, wem das Hauptverdienst hiervon zukommt, so müssen wir unbedenklich antworten: dem Theramenes. Er vor allen hatte den Muth, als die Pläne und Verheissungen der Oligarchen durch die Erhebung der Flotte zu Wasser geworden waren, auf die Versöhnungsvorschläge des Alkibiades, die allein den Staat retten konnten, einzugehen und der Fürsprecher derselben zu sein; er war es, der sich nicht scheute sich offen von den Oligarchen loszusagen, als ihre verrätherischen Umtriebe zu Tage traten; er gab, als die Stunde gekommen war, das Zeichen zum Bruche; er endlich trug vorzugsweise zum Beschlusse der Zurückberufung des Alkibiades bei[88]). Doch viel grösser noch erscheint sein Verdienst, wenn man bedenkt, dass die ganze Umwälzung so massvoll und ohne das geringste Blutvergiessen vor sich ging, während sonst Revolutionen — man denke an Kerkyra im Jahre 427—425 — von entsetzlichen Greueln begleitet waren, oder doch wenigstens, wie jüngst bei den Samiern, nicht ohne Blutvergiessen abgingen[89]). Und in dem neuen Verfassungswerke erkennen wir, wenn auch Theramenes Name nicht besonders genannt wird, doch vorzugsweise sein Werk. Es sind dieselben Gedanken, die er als sein politisches Glaubensbekenntniss in seiner Vertheidigungsrede gegen Kritias ausspricht, und namentlich die Bestimmung, dass zu den Fünftausend alle die gehören sollten, die im Stande seien eine vollständige Rüstung zu stellen, d. h. selbst als Hopliten zu dienen oder einen anderen als solchen auszurüsten, stimmen ganz mit den Worten daselbst, dass er eine Verfassung, in welcher es sich darum handele dem Staate als Reiter oder als Hoplit seine Dienste zu weihen, immer für die beste gehalten habe[90]); wie er denn auch, von demselben Grundsatze ausgehend, den Dreissigen widersprach, als sie eine fest begrenzte Zahl von 3000 an der Verfassung theilnehmen lassen wollten[91]). Und wenn man auch dem Verhalten der gesammten Bürgerschaft, die, durch furchtbare Schicksalsschläge geläutert, verständig genug war, um einzusehen, was dem Staate zum Besten diente, einen wesentlichen Antheil an den Erfolgen zuschreiben muss, so werden wir darum doch nicht minder

---

86) S. Wattenbach de quadring. Ath. fact. S. 63, Anm. 2.   87 Thuk VIII, 97, 2.   88) Diod. XIII, 38, 2 kann deshalb mit gutem Rechte sagen τούτων δὲ πάντων εἰσηγητὴς ἦν Θηραμένης.   89) Thuk. VIII, 73, 6.   90) Xen. Hell. II, 3, 48 am Schluss.   91) Ebendaselbst § 19.

diejenigen, welche in diesen furchtbaren Zeitumständen das Volk führten und seine Rathgeber waren, zu den grössten Wohlthätern Athens zählen dürfen. Sicherlich hat Aristoteles dies vorzugsweise im Auge gehabt, wenn er, wie oben S. 230 erwähnt worden ist, Theramenes neben Nikias und Thukydides, des Melesias Sohn, zu den besten Männern Athens rechnete[92]).

Doch, möchte man nun einwerfen, desto hassenswerther erscheint sein Charakter, dass er der Ankläger seiner früheren Parteigenossen Antiphon und Archeptolemos wurde und ihren Tod bewirkte[93]). Diese beiden waren nämlich, während Peisandros, Alexikles, Aristarchos und andere Wortführer der oligarchischen Partei unmittelbar nach ihrer Absetzung sich heimlich aus dem Staube machten[94]), in Athen zurückgeblieben. Gegen sie wandte sich die ganze Wuth des Volkes, das ein Opfer verlangte für das frevelhafte Beginnen der oligarchischen Häupter. An und für sich konnte natürlich die Theilnahme an der Regierung der Vierhundert keinem als Verbrechen angerechnet werden[95]); bestand doch ein grosser Theil von ihnen aus solchen, die sich später von den verrätherischen Plänen der oligarchischen Minderheit abwandten und das Ihrige dazu thaten Athen zu retten. Wohl aber war es nur ein Akt der Gerechtigkeit die letzte Gesandtschaft, die nach Sparta abgegangen war und zum Verrathe von Athen die Hand geboten hatte, in Anklagezustand zu versetzen. Hatte bis dahin noch irgendwie ein Zweifel über die Absichten der Oligarchen bestanden, so mussten doch jedem die Augen geöffnet werden, wenn er sah, wie Peisandros, Alexikles und andere ins feindliche Lager nach Dekeleia sich flüchteten und Aristarchos noch zu guterletzt Athen eine schmerzliche Wunde schlug, indem er durch trügerische Vorspiegelung Oinoe, eine nicht unwichtige Feste an der Grenze von Boiotien, in die Hände der Feinde Athens brachte[96]). Der Rath beschloss also auf den Antrag Andrones die Festnehmung des Antiphon und Archeptolemos — ein dritter, Onomakles, entkam noch zeitig genug —, indem sie angeklagt wurden, dass sie zum Verderben des Staates auf feindlichen Schiffen die Reise gemacht und ihren Weg über Dekeleia genommen hätten. Die Führung der Anklage sollten die Feldherrn, Anwälte und wer sonst dazu den Beruf fühlte übernehmen. Da nun Theramenes selbst Feldherr war, so kann er allerdings auch das Wort ergriffen und auf die verrätherischen Umtriebe jener hingewiesen haben; er als einer der Häupter der Vierhundert musste ja in alle ihre Pläne vorzugsweise eingeweiht sein. Aber ein bestimmtes Zeugniss hierfür

---

92) Vergl. Curtius, Griech. Gesch. II, S. 614 u. 615. 93) Lys. XII, 67 in dem Bestreben, das Gehässige dieses Prozesses noch zu erhöhen, macht beide Angeklagte sogar zu den besten Freunden des Theramenes: φιλτάτους ὄντας αὑτῷ κατηγορῶν ἀπέκτεινεν. 94) Thuk. VIII, 98, 1. 95) Das giebt selbst Lysias zu XX, 1. 96) Thuk. VIII, 98, 2-4.

liegt nicht vor; wenigstens hindert nichts die Worte des Lysias an der vorhin erwähnten Stelle (κατηγορῶν ἀπέκτεινε) allgemeiner zu fassen und auf die wiederholten Fälle kurz vor dem Sturze der Vierhundert zu beziehen, wo Theramenes dem Volke über das Treiben der Oligarchen die Augen öffnete. Aber wenn auch nicht, wenn er wirklich neben anderen[97]) als Ankläger beim Prozesse selbst wie nachmals beim Feldherrnprozesse auftrat: wer jenes nicht verurtheilen kann, da zwingende Umstände es mit sich brachten, der wird auch dieses als nothwendige Folge davon, wenn auch nicht loben, so doch entschuldigen. Schlimm genug, dass Theramenes, wenn er Athen retten wollte, nicht anders als feindlich gegen seine bisherigen Parteigenossen auftreten konnte; aber daraus nun gleich, wie es Lysias thut, seine besten Freunde zu machen, das heisst doch aller Wahrheit Hohn sprechen. Doch wie dem auch sei, Antiphon war nicht im Stande, so meisterhaft auch seine Vertheidigungsrede war[98]), von der Beschuldigung, die auf Hochverrath lautete, sich zu reinigen, und so verfiel er wie Archeptolemos der Strafe, die in diesem Falle herkömmlich[99]) war: sie wurden den Elfmännern übergeben, ihre Beerdigung innerhalb Attikas verboten, ihr Vermögen eingezogen und der Zehnte der Göttin geweiht, ihre Häuser niedergerissen, sie selbst und ihre Nachkommen für ehrlos erklärt. Eine gleiche Strafe war schon vorher[100]) auf Antrag des Kritias[101]) über den todten Phrynichos ausgesprochen und seine Mörder reichlich belohnt worden[102]). Auch Aristarchos, der, wie vorhin erwähnt, Oinoe den Thebanern und Korinthern verrieth, muss späterhin irgendwie den Athenern wieder in die Hände gefallen sein[103]), vielleicht auch Alexikles[104]), und dieselbe Strafe erlitten haben.

---

97) Als solcher wird Apolexis bei Harpokr. s. v. cτaciώtηc genannt. 98) Thuk. VIII, 68, 2. Genauere Angaben über den ganzen Prozess bei Plut. vit. Antiph. S. 833 D. Vergl. Blass, Att. Beredts. I, S. 87 ff., der weiterhin S. 90 Antiphon vertheidigt und Theramenes in hergebrachter Weise wegen seiner Gesinnungslosigkeit verdammend urtheilt: „Dass er (Antiphon) an der Oligarchie, als die Gefahren kamen, standhaft festhielt, ist weit ehrenhafter als der schleunige Gesinnungswechsel des Theramenes", was allerdings der Darstellung, wie wir sie gegeben haben, schnurstracks entgegenläuft. 99) Dass dies die herkömmliche Strafe war, ersieht man aus Xen. Hell. I, 7, 22. 100) Plut. vit. Antiph. S. 834 B. 101) Lyk. gegen Leokr. 30, § 113. 102) Es wurde ihnen das Bürgerrecht ertheilt (Lys. XIII, 72) und der eine, wahrscheinlich der eigentliche Mörder, erhielt von dem eingezogenen Vermögen des Peisandros ein Stück Land (Lys. VII, 4). 103) Xen. Hell. I, 7, 28; Grote IV, S. 376, Anm. 125. 104) So findet vielleicht die mit den sonstigen Nachrichten nicht übereinstimmende Notiz bei Lykurgos a. a. O. § 115 ihre einfachste Lösung.

III. Theramenes Thaten als Feldherr 411—408.

Wir haben die Ereignisse des J. 411 ausführlicher dargelegt, weil nur so über die Handlungsweise und den Charakter des Theramenes, der hierbei eine so wichtige Rolle spielte, ein sicheres Urtheil zu fällen ist. Im folgenden werden wir uns etwas kürzer fassen und hauptsächlich die Begebenheiten hervorheben, die uns näher angehen, die übrigen aber nur insoweit berühren, als es des Zusammenhanges wegen unumgänglich nöthig ist.

Ungefähr um dieselbe Zeit, in welcher die zuletzt geschilderten Ereignisse in Athen verliefen, hatte Mindaros, der Admiral der Lakedaimonier, der ewigen nichtigen Versprechungen des treulosen Tissaphernes müde, den Kriegsschauplatz von der ionischen Küste nach dem Hellespont verlegt, indem er an Pharnabazos, dem Statthalter der dortigen Küstenprovinzen, einen thätigeren Bundesgenossen zu finden hoffte[1]. Die athenische Flotte unter Thrasybulos und Thrasylos war ihm gefolgt und hatte den wichtigen Sieg bei Kynos Sema[2] errungen, der zum ersten Male nach dem Abfalle von Euboia den gesunkenen Muth der Athener wieder belebte[3]. Mindaros aber sandte Boten nach Euboia, um Agesandridas zu bitten ihm mit seiner Flotte zu Hülfe zu kommen[4]. Dieser leistete dem Folge, erlitt aber am Vorgebirge Athos dermassen Schiffbruch, dass fast die ganze aus 50 Fahrzeugen bestehende Flotte zu Grunde ging[5]. So bekam Athen auf dem Kriegsschauplatz in seiner unmittelbaren Nähe wieder etwas Luft, während die Euboier in Ermangelung einer schützenden Flotte sich dadurch zu helfen suchten, dass sie mit Hülfe der Boiotier einen Damm quer durch den Euripus an seiner schmalsten Stelle zwischen Chalkis und Aulis bauten, der von den beiden genannten Punkten ausgehend sich so weit in den beiden Stücken näherte, dass nur für ein Schiff eine Durchfahrt unter einer hölzernen Brücke hindurch blieb. Brücke und Durchfahrt aber wurden durch zwei an den beiden Enden des Dammes sich gegenüberstehende hohe Thürme gedeckt[6]. Um diesen Bau zu hindern, wurde Theramenes von Athen mit 30 Schiffen[7] abgesandt; doch war er viel zu schwach, um gegen die Feinde etwas ausrichten zu können, die mit Aufbietung ihrer ganzen Macht den Bau und die Vertheidigung desselben unternommen hatten. So stand er denn bald von seinem fruchtlosen Beginnen ab und wandte sich nach den Kykladen, indem er überall, wo er verdächtige Regungen und Neigung

---

1) Thuk. VIII, 99. 2) VIII, 104 ff. 3) 106, 5. 4) 107, 2; vergl. oben S. 249. 5) Diod. XIII, 41, 1—3. 6) Diod. XIII, 47.
7) Diese 30 Schiffe bestanden wahrscheinlich aus den 20 unmittelbar nach dem Unfalle bei Euboia bemannten (Thuk. VIII, 97, 1) und dem Reste der Flotte des Thymochares, der genau genommen noch 14 Schiffe betrug, da er mit 36 ausgelaufen war und 22 verloren hatte; cf. Thuk. VIII, 95, 3 u. 7.

zum Abfall verspürte, mit seiner Flotte erschien und Geld eintrieb. Unter anderem machte er auch der wahrscheinlich von Peisandros bei seiner Rückkehr von Samos auf der Insel Paros ins Leben gerufenen Oligarchie[8]) ein Ende und gab dem Volke die Freiheit zurück, während die Oligarchen für ihr Beginnen mit schweren Geldstrafen zu büssen hatten[9]). Von da ab leistete er einem Rufe des Königs Archelaos von Makedonien Folge, ihn bei der Belagerung von Pydna — wahrscheinlich gegen Zahlung von Hülfsgeldern — zu unterstützen. Da aber dieselbe sich in die Länge zog, so segelte er nach der thrakischen Küste ab und schloss sich Thrasybulos an, der den Oberbefehl über die vereinigte Flotte übernahm[10]).

Nachdem nämlich die Athener einen zweiten Seesieg über Mindaros in der Nähe von Abydos davongetragen hatten, wobei das plötzliche Erscheinen des Alkibiades mit 18 Schiffen den Ausschlag gab, waren Thrasybulos und andere athenische Befehlshaber aus dem Hellesponte in das aigaiische Meer gesegelt, um Geld aufzutreiben oder zu brandschatzen, während zur Beobachtung des Mindaros nur 40 Schiffe bei Sestos zurückblieben und Thrasylos nach Athen segelte, um die Nachricht von dem Siege zu überbringen und neue Verstärkung auszuwirken[11]). Während nun die einen hierhin, die anderen dorthin auf ihren Beutezügen sich wandten, hatte Thrasybulos die thrakische Küste aufgesucht, wo, wie gesagt, Theramenes zu ihm stiess. Wahrscheinlich theilten sie jetzt die Schiffe unter sich[12]) und setzten die früheren Züge nach gemeinschaftlichem Plane weiter fort, indem sie unter anderem die Insel Thasos für ihren jüngsten Abfall[13]) brandschatzten[14]).

Die geschilderten Kreuz- und Querzüge, die den Winter von 411—410 ausfüllen, sind lehrreich für die Art und Weise, wie seit dem Abfalle von Chios und der Aufwendung der letzten 1000 Talente des Kriegsschatzes die Athener den Krieg zu führen gezwungen sind. Athen ist erschöpft, die wichtigsten Kolonien, namentlich ausser Chios noch Euboia, sind abgefallen: dadurch natürlich ein empfindlicher Ausfall in den Einnahmen, dem durch Beschränkung der Ausgaben, besonders durch das Aufhören der Staatsbesoldungen, nicht genügend abgeholfen werden kann. Aber fort und fort dauert der Krieg, Summen auf Summen verschlingend. Auf der anderen Seite die Lakedaimonier, ohne einen Heller von Hause und doch

---

8) Thuk. VIII, 65, 1.   9) Diod. XIII, 47, 8.   10) Diod. XIII, 49, 1.
11) Xen. Hell. I, 1, 5—8; Diod. XIII, 45—46.   12 So erklärt es sich vielleicht, dass nach Xen. Hell. I, 1, 12 beide grade mit je 20 Schiffen zur Schlacht bei Kyzikos eintreffen, während Theramenes ursprünglich 30 hatte. Dass dieser auf seinen ungefährlichen Beutezügen einen Verlust von 10 Schiffen gehabt habe, ist nicht anzunehmen. Eine zweite Möglichkeit wäre die, dass Theramenes 10 Schiffe von seiner Abtheilung zum Kreuzen im thrakischen Meere zurückliess.   13 Thuk VIII, 64.
14) Hell. I, 1, 12.

mit allem jetzt reichlicher wie je versehen. Sie sind in zwei Seeschlachten gründlich aufs Haupt geschlagen, ihre gänzliche Vernichtung in der letzten ist nur durch Pharnabazos aufopferndem Heldenmuth[15]) verhindert worden. Und doch stehen sie mit dem Frühlinge 410 Dank der bereitwilligen Unterstützung dieses Statthalters durch Geld und Truppen wieder schlagfertig auf dem Kampfplatze. Was halfen da Athen alle seine Siege? Es konnte sie nicht verfolgen, war gezwungen zur Auftreibung des nöthigen Soldes alle Augenblicke seine Flotte hierhin und dorthin zu zerstreuen, verwilderte dadurch das Kriegsvolk, machte sich bei Freund und Feind verhasst, und von einer planmässigen Führung des Krieges konnte vollends keine Rede sein. So musste es schliesslich langsam sich verbluten und seinem wenn auch nicht ruhmlosen Ende entgegengehen. Aber noch einmal sollte ihm die Sonne des Sieges, und zwar herrlicher denn je, aufgehen.

Mit dem Frühlinge des Jahres 410 zog Mindaros seine Streitkräfte zusammen und machte Miene die bei Sestos ankernden 40 Schiffe der Athener anzugreifen. Diese fühlten sich seinen 60 (oder 80) Schiffen[16]) nicht gewachsen, verliessen ihren bisherigen Standort, bogen um die Spitze des thrakischen Chersonesos herum und gingen in dem auf der gegenüberliegenden Seite der Halbinsel gelegenen Hafen von Kardia vor Anker. Gleichzeitig aber liessen sie ihren zerstreuten Abtheilungen die Kunde hiervon zukommen und zur Rückkehr auffordern. So eilten denn Alkibiades, dem inzwischen die abenteuerlichsten Erlebnisse begegnet waren[17]), von Lesbos und Thrasybulos und Theramenes von der thrakischen Küste herbei, vereinigten sich mit der Hauptmacht und brachen dann gegen Mindaros auf, der inzwischen gegen Kyzikos gesegelt war und mit Hülfe des Pharnabazos die Stadt nach kurzer Belagerung mit Sturm genommen hatte. Es gelang ihnen unter dem Schutze der Nacht unbemerkt an dem feindlichen Abydos vorbeizusegeln, so dass von hier aus dem Mindaros keine Kunde von ihrer Vereinigung und Annäherung zugehen konnte; und als sie an der der Kyzikenischen Halbinsel gegenüberliegenden Insel Proikonnesos angekommen waren, liess Alkibiades daselbst sämmtliche Fahrzeuge auftreiben und jedem bei Todesstrafe verbieten das Festland zu betreten. Es kam alles darauf an die Feinde vollständig zu überraschen. Am anderen Morgen setzte Alkibiades in einer kurzen Rede den Truppen die Nothwendigkeit des dreifachen Kampfes zur See, zu Lande und gegen die Mauern von Kyzikos auseinander. „Wir haben", das war der Inhalt seiner Rede, „kein Geld, die Feinde aber reichlich vom Perserkönige". Dann brach man in drei Geschwadern gegen die Feinde auf, geführt von Alkibiades, Thrasybulos und Theramenes, während

---

15) Hell. I, 1, 6.   16) 60 Schiffe nach Hell. I, 1, 11 u. 16; 80 nach Diod. XIII, 50, 2.   17) Hell. I, 1, 9—10.

Chaireas mit einer Abtheilung von Landtruppen an die Küste des Festlandes gesetzt wurde, mit dem Befehle sich gegen Kyzikos in Bewegung zu setzen und den Angriff zu unterstützen. Allen weit vorauf aber segelte mit seinem Theile Alkibiades, in der Absicht die Feinde mit List ins Verderben zu führen. Unter dem Schutze eines starken Regens oder Nebels — man vergesse nicht, dass es etwa Ende März war[18]) — näherte er sich dem Hafen und lockte durch verstellte Flucht Mindaros, der in der Nähe[19]) mit der ganzen Flotte manövrirte, noch weiter von demselben fort. Dieser trug um so weniger Bedenken zu folgen, als er immer noch der Meinung war es nur mit den 40 athenischen Schiffen[20]) von früher zu thun zu haben. Da bricht um Mittag endlich die Sonne durch, die fliehenden Athener wenden plötzlich um, und wie nun Mindaros zurück blickt, sieht er sich durch Thrasybulos und Theramenes vom Hafen abgeschnitten. Er wendet sich dem Lande zu und zwar dahin, wo Pharnabazos mit seinem Heere zum Schutze bereit stand. Alkibiades folgt, während Thrasybulos, was er von den Schiffen entbehren kann, aus Land setzt und denselben Befehl an Theramenes richtet, mit dem Zusatze schleunigst Chaireas an sich zu ziehen und zu Hülfe zu eilen. So entspinnt sich allmählich eine gewaltige Schlacht zu Wasser wie zu Lande. Die Athener sind anfangs in schlimmer Lage, namentlich Thrasybulos mit seinem Häuflein gegen einen weit überlegenen Feind. Schon ist er nahe daran umzingelt und erdrückt zu werden, da machen ihm endlich Theramenes und Chaireas Luft und bringen die Feinde, zuerst die Söldlinge des Pharnabazos, dann auch eine Abtheilung Peloponnesier unter Klearchos, zum Weichen. Aber noch gilt's kein Ausruhen, rastlos dringt Theramenes weiter dahin, wo Alkibiades selbst mit der Flotte immer noch im heissen Kampfe gegen Mindaros selbst ringt. Nun wird auch hier die anfängliche Seeschlacht immer mehr zur Landschlacht: Mindaros theilt seine Streitkräfte und schickt den einen Theil dem anrückenden Theramenes entgegen, während er selbst auf seinem Posten Alkibiades gegenüber ausharrt. Aber jetzt haben die Athener die Uebermacht: wie tapfer auch Mindaros Stand hält und die Seinen anfeuert, er wird endlich besiegt und selbst getödtet. Die ganze Flotte der

---

18) Ueber die Chronologie dieser und der nächstfolgenden Ereignisse vergl. Breitenbach: Das Jahr der Rückkehr des Alkibiades, in Jahrb. für class. Philol. 1872 S. 73 ff.; doch setzt derselbe die Schlacht schon in den Februar. 19) Xen. Hell. I, 1, 16 hat πόρρω ἀπὸ τοῦ λιμένος, was bei einem starken Regen, von dem er spricht, wenig glaubwürdig ist. Richtiger also Plut. Alk. 28 πρὸ τοῦ λιμένος. 20) Nach Plut. Alk. 28 waren es grade soviel. Offenbar aber hat er diese Zahl nur als eine ungefähre nach den Ansätzen bei Xen. sich ausgedacht, bei welchem Thrasybulos und Theramenes mit je 20 Schiffen und Alkibiades mit 6 Schiffen sich einfinden, was mit den vorhandenen 40 zusammen 86 (Xen. § 13) ausmacht. Genau genommen hätte Plut. also das Hauptgeschwader unter Alkibiades zu 46 Schiffen angeben müssen.

Lakedaimonier fällt den Athenern in die Hände; nur den Syrakusanern gelingt es ihre Schiffe durch Verbrennen vor einem gleichen Schicksale zu bewahren. Eine Strecke folgen die Athener den fliehenden Feinden, eine weitere Verfolgung verbietet Pharnabazos' starke Reiterei. Am folgenden Tage ergiebt sich auch Kyzikos[21]).

Ein herrlicher Sieg war errungen, so vollständig, wie kein zweiter im Verlauf des ganzen Krieges, errungen durch das einmüthige Zusammenwirken aller dabei Betheiligten, der Landtruppen, der Flotte und der Führer. Hier zum ersten Mal sehen wir die drei Männer, die seit Jahresfrist in gleicher Gesinnung gehandelt und Athen vom Untergange gerettet hatten, der eine hier, der andere dort, zum entscheidenden Schlage gegen einen doppelten Feind vereinigt. Und wunderbar greift alles nach genauester Berechnung in einander; nicht das kleinste Stocken tritt durch Trägheit der Soldaten oder Saumseligkeit und Unfähigkeit der Feldherrn ein. Da ist nichts von kleinlicher Eifersucht und versteckter Feindschaft: einmüthig, neidlos und eng unter einander verbunden handelt ein jeder an seinem Platze: wie früher auf Samos, so fügt sich auch jetzt Thrasybulos dem überlegenen Feldherrntalente des Alkibiades, und Theramenes wiederum ordnet sich, wie jüngst an der thrakischen Küste, so auch jetzt im entscheidenden Augenblicke dem [älteren oder] erfahrenern Thrasybulos unter. Aber in dieser Unterordnung bringt er die eigentliche Entscheidung des Tages. Man sieht, wie wenig es hier mit dem oben erwähnten Vorwurfe eines ungezähmten Ehrgeizes[22]) auf sich hat. Und in derselben Weise handeln die drei Männer — wir glauben jetzt nicht zu viel zu sagen, wenn wir sagen Freunde —

---

21) Die Schilderung der Schlacht habe ich im wesentlichen nach Diod. XIII, 49—51 gegeben, da sie hier weitaus am ausführlichsten sich vorfindet, obgleich einzelnes klarer sein könnte. Wohl weiss ich, dass Diodoros in Bezug auf Zeitangabe, Reihenfolge der Ereignisse, Genauigkeit der Angaben u. a. im allgemeinen recht unsicher ist und Xenophon weit nachsteht; aber trotzdem finden sich manche Partien, die höheren Werth haben und nicht nur Xenophon, wo dieser ganz schweigt (vergl. z. B. im Vorhergehenden die Operationen des Theramenes im Euripus und bei Pydna), in wünschenswerther Weise ergänzen, sondern oft ihn auch verbessern. Wir werden im folgenden noch öfter dies zu beobachten Gelegenheit haben. In diesem Falle ist bei Xen. Hell. I, 1, 14—19 alles zu knapp und skizzenhaft, wenn auch durchsichtig, abgesehen von dem oben berührten πόρρω ἀπὸ τοῦ λιμένος: die einzelnen Momente des Kampfes und der Antheil der verschiedenen Abtheilungen und Anführer fehlen ganz und gar. Was zur Ergänzung des Diodor'schen Berichtes dient, ist hinzugefügt, wie z. B. die Erwähnung des bei ihm fehlenden Regens. Plut. Alk. 28 kommt nicht in Betracht, da er das meiste von Xenophon entlehnt hat. Was er geändert hat, ist zum Theil recht verunglückt, wie er z. B. das Aufhören des Regens viel zu früh eintreten lässt, oder es sind selbsterfundene Zusätze, z. B. dass nicht bloss Regen, sondern auch Donner, also ein Gewitter eintritt und dies wie die Finsterniss so gross ist, dass die Athener bereits nicht mehr an den Kampf denken.   22) S. 246.

noch zwei Jahre lang weiter, Sieg auf Sieg an die athenischen Waffen knüpfend.

In Athen rief die Nachricht von diesem neuen und entscheidenden Siege die lebhafteste Freude hervor: vergessen war all das frühere Ungemach, und Opfer und Festversammlungen wurden zu Ehren der Götter angeordnet. In dieser gehobenen Stimmung besann man sich nicht lange, als Endios, der Freund des Alkibiades, von Sparta mit Friedensvorschlägen erschien, auf Kleophons Rath dieselben zurückzuweisen, trotzdem alle einsichtigeren Männer den Frieden befürworteten [23]). Freilich bot man feindlicherseits so wenig, dass man unmöglich darauf eingehen konnte [24]). Um so williger dagegen wurde jetzt die schon früher, nach dem zweiten Siege bei Abydos, von Thrasylos geforderte Verstärkung gewährt und 1000 Mann Schwerbewaffnete, 100 Reiter und 30 Fahrzeuge [25]) ausgerüstet und unter seinem Befehle an die Küste von Kleinasien gesandt.

Wir kehren zu den Siegern zurück. Diese blieben volle zwanzig Tage in dem reichen Kyzikos, den Soldaten wie den Matrosen die wohlverdiente Erholung nach den letzten Anstrengungen gönnend und selbstverständlich der Stadt eine schwere Kriegssteuer auferlegend. Dann ging's mit frischen Kräften weiter nach der gegenüberliegenden Küste der Propontis, wo zwei wichtige Städte, Perinthos und Selybria, winkten. Ersteres nahm die Athener auf, d. h. unterwarf sich ihnen, letzteres zwar nicht, musste aber dafür ihren Abzug mit Geld erkaufen. Von da fuhren sie weiter zum thrakischen Bosporos, um ihrem Werke auf diesem Kriegsschauplatze den Schlussstein hinzuzufügen und diese für Athen nach dem Verluste von Euboia doppelt wichtige Strasse, die seine pontischen Getreideschiffe passiren mussten, wieder vollständig in ihre Gewalt zu bringen. Die Einfahrt in diese Strasse beherrschten zwei einander gegenüber-

---

[23]) Diod. XIII, 52—53; Nep. Alc. V, 5; Just. V, 4, 17. [24]) Vergl die eingehende Erörterung bei Grote IV, S. 402 ff. [25]) Diod. XIII, 52. Wenn Xen. Hell. I, 1, 34 hiervon abweichend 50 Trieren angiebt, so erscheint dies zu viel. Im vergangenen Jahre hatte man alles, worüber man verfügte, Theramenes gegeben, in Summa 30 Fahrzeuge (Diod XIII, 47); weiterhin hatte man Konon, mit wie viel Schiffen wird nicht gesagt, nach Kerkyra gesandt, um die dortigen Demokraten gegen die Oligarchen zu stützen (Diod. 48). Nun wieder 50 Schiffe auszurüsten und gleichwohl noch am Ende desselben Jahres — die Zeit lässt sich nach Xen. Hell. I, 2, 18 bestimmen — 30 Schiffe unter Anytos Befehle zur Unterstützung der in Pylos von den Spartanern bedrängten Messenier (Diod. 64) bereit zu haben, möchte doch bei aller Begeisterung und der grössten Bereitwilligkeit die Kräfte der trotz alledem erschöpften Athener überstiegen haben, abgesehen davon, dass eine solche Leistung nach einem Siege, der dem Feinde die ganze Flotte gekostet hatte, nicht einmal wahrscheinlich ist. Vielleicht aber lassen sich beide Berichte vereinigen, wenn wir annehmen, dass Thrasylos an der ionischen Küste noch mancherlei Verstärkungen, namentlich aus Samos, an sich zog, und nun mit 50 Fahrzeugen den Feldzug eröffnete.

liegende Städte, links Byzanz, rechts Kalchedon, beides Kolonien von
Megara und bis vor kurzem den Athenern tributpflichtig; doch im
vorigen Sommer waren auch sie abgefallen[26]). Allein fürs erste
fühlte sich Alkibiades doch zu schwach gegen die beiden mächtigen
Städte angriffsweise vorzugehen. Was half es auch von der Seeseite
sie abzuschneiden, da man zu wenig Truppen hatte, um von der
Landseite aus, namentlich bei der sicher in Aussicht stehenden
Unterstützung durch Pharnabazos, mit Erfolg operiren zu können?
Sich jetzt am äussersten Ende des Kriegsschauplatzes auf eine lang-
wierige Belagerung einzulassen, während die ganze Macht nur aus
86 Schiffen bestand, die in der Schlacht bei Kyzikos doch auch
mancherlei Verlust gehabt hatten, und darüber das aigaiische Meer,
den Hellespont und neu sich bildende Streitkräfte der Feinde ausser
Acht zu lassen, das wäre wohl sehr misslich gewesen und hätte den
Erfolg des ganzen bisherigen Feldzuges aufs Spiel gesetzt. Schon
die Schlacht bei Abydos hatte gezeigt, woran es fehlte, um einen
erfolgreichen Seesieg dem doppelten Feinde gegenüber erringen zu
können, und auch bei Kyzikos war man nur durch die aufopferndste
Hingabe von Truppen und Führern so eben noch der Feinde zu
Lande Herr geworden; eine weitere Verfolgung aber hatte man angesichts der feindlichen Reiterei sofort aufgeben müssen: Um mit
Erfolg auch zu Lande operiren zu können, bedurfte man geübte
Truppen von Leicht- und Schwerbewaffneten, auch etwas Reiterei,
und das alles sollte erst Thrasylos von Athen heranführen. Dieser
forderte, wie wir sahen, 1000 Schwerbewaffnete und 100 Reiter,
und um auch Leichtbewaffnete verwenden zu können, übte er von
der Mannschaft der empfangenen Schiffe 5000 als solche ein[27]).

Seine Ankunft beschloss also Alkibiades erst abzuwarten, bevor er sich auf grössere Unternehmungen einliess. Um aber doch
wenigstens die Strasse selbst sicher zu stellen, liess er grade am
Eingange derselben Byzanz gegenüber auf Kalchedonischem Gebiete
den Hafen Chrysopolis befestigen und ein Zollhaus daselbst ein-
richten. Zur Deckung dieses wichtigen Postens wurde Theramenes
und Eumachos mit dem grössten Theile der Flotte zurückgelassen[28]).
Ihre Aufgabe war es in erster Linie Chrysopolis zu halten und den
Zehnten von allen aus dem Pontos kommenden Schiffen zu erheben,
weiterhin aber auch den Feinden allen möglichen Abbruch zu thun
und die demnächstige Belagerung der Stadt durch vorläufige
Blockirung vorzubereiten. Alkibiades und Thrasybulos aber segelten

---

26) Thuk. VIII, 80 erzählt nur den Abfall von Byzanz; ohne Zweifel
hatte dieser auch den von Kalchedon im Gefolge; cf. Plut. Alk. 29
Χαλκηδονίοις δ' ἀφεςτῶςι.   27) Xen. Hell, I, 2, 1.   28) Diod. XIII, 64
theilt ihnen 50 Schiffe zu, Xen. Hell. I, 1, 22 nur 30, eine Zahl, die bei
der Wichtigkeit des Postens, der Grösse der beiden feindlichen Städte
und der sicher zu erwartenden Unterstützung derselben durch Pharnabazos und die Lakedaimonier zu gering erscheint.

wieder nach Westen, indem sie die neu erworbene Seeherrschaft sicherten, erweiterten und Geld und Truppen aufzutreiben suchten. Ein volles Jahr dauerte es, bis es zur eigentlichen Belagerung von Kalchedon kam.

In welcher Weise Theramenes seine Aufgabe löste, darüber liegen keine genauen Nachrichten vor. Wir wissen nur, dass Pharnabazos nach mancherlei Anordnungen, die er zum Bau einer neuen Flotte für seine Bundesgenossen in Antandros traf, Kalchedon zu Hülfe eilte[29]). Zu Kämpfen zwischen ihm und Theramenes kam es wohl nicht. Ohne Zweifel zog Pharnabazos bald wieder ab, nachdem er eingesehen hatte, dass bei der Theilung der athenischen Macht Kalchedon vorläufig noch nicht gefährdet sei. Seine Anwesenheit war an anderen Punkten nöthiger. Rastlos wie er war, finden wir ihn mit Beginn des Winters bei Abydos wieder im Kampfe mit Alkibiades[30]), der unterdessen Thrasylos nach seinem verunglückten Zuge gegen Ephesos an sich gezogen und Lampsakos befestigt hatte. Hier nahmen die Athener Winterquartiere und machten Streifzüge in die Provinz des Pharnabazos[31]). Mit dem Frühlinge des Jahres 409 aber wandten sie sich endlich mit der gesammten Streitmacht gegen Kalchedon. Von Thrasybulos hören wir während der ganzen Zeit nichts; aber jedenfalls kehrte auch er mit dem Ende des Winters nach Chrysopolis zurück. So wenigstens erklärt es sich ganz einfach, dass Diodoros schon bei Ankunft des Alkibiades das kalchedonische Gebiet durch Theramenes mit 70 Schiffen und 5000 Mann verwüsten lässt[32]), während dieser anfangs nach ihm nur 50 Schiffe gehabt hatte. Es erscheint auch kaum glaublich, dass Thrasybulos bei so wichtigen Kämpfen, wie die demnächst eintretenden waren, die die Aufbietung aller Kräfte erforderten, mit seinem Geschwader gefehlt haben sollte. Und wenn hierbei sein Name ebensowenig wie der des Theramenes[33]) genannt wird, so hat das seinen Grund ohne Zweifel darin, dass die Kämpfe zu Lande die Entscheidung brachten und in dieser wie in der letzten Schlacht gegen Pharnabazos, die bei Abydos stattfand, hauptsächlich die Schwerbewaffneten, die Reiterei und die Leichtbewaffneten des Alkibiades und Thrasylos verwendet wurden, während Theramenes und Thrasybulos die Führung der Flotte beibehielten.

Alkibiades begann das Unternehmen gegen Kalchedon[34]) damit, dass er zu Lande einen Zug gegen die benachbarten bithynischen Thraker unternahm und sie durch Drohungen zwang die bewegliche Habe,

---

29) Xen. Hell. I, 1, 26.   30) I, 2, 16.   31) I, 2. 1—17; Diod. XIII, 64; Plut. Alk. 29.   32) Diod. XIII, 66.   33) Bei Plut. Alk. 31 siegt Theramenes zwar in Byzanz als Anführer des linken Flügels, doch lege ich dem keine Bedeutung bei, da Xenophon und Diodoros es nicht bestätigen. Stände dafür Thrasylos, so hätte das nach dem oben Auseinandergesetzten eher Sinn.   34) Eroberung von Kalchedon und Byzanz bei Xen. Hell. I, 3; Diod. XIII, 66—67; Plut. Alk. 29—31.

die die Kalchedonier ihnen anvertraut hatten, auszuliefern. Dieser Zug wurde durch gleichzeitige Bewegungen der Flotte unterstützt. Dann suchte er die Stadt durch eine von Meer zu Meer reichende Verschanzungslinie von der Landseite abzusperren. Noch war man aber nicht damit zu Ende gekommen[35]), als auch schon wieder Pharnabazos zur Stelle war und durch die Lücke hart an einem Flusse, der die Linie theilte, durchzubrechen versuchte[36]). Zu gleicher Zeit machte der spartanische Harmost Hippokrates, der in der Stadt lag, einen Ausfall. Ein harter Kampf entspann sich. Die Athener mussten Front nach zwei Seiten machen, Thrasylos gegen Hippokrates, Alkibiades gegen Pharnabazos. Letzterer wich zuerst, worauf Alkibiades auch auf der anderen Seite die Entscheidung brachte. Hippokrates selbst fiel. Alkibiades wartete den Fall der Stadt, der jetzt nur noch eine Frage der Zeit war, nicht ab, sondern eilte nach dem thrakischen Chersonese, um noch grössere Streitkräfte[37]) gegen Byzanz aufzubringen. Doch zu einer eigentlichen Eroberung von Kalchedon sollte es nicht kommen. Pharnabazos war es müde einen Kampf weiter zu führen, in welchem er seinen Gegnern nicht gewachsen war und welcher ihm nichts als schwere Verluste eingebracht hatte. Drum schloss er einen Vertrag mit Theramenes und seinen Mitfeldherren[38]), in welchen Kalchedon mit eingeschlossen wurde, worin er sich verpflichtete 20 Talente für die Schonung von Kalchedon zu zahlen, einer athenischen Gesandtschaft sicheres Geleit zum Perserkönige zu gewähren, während Kalchedon wieder in das alte Unterthänigkeitsverhältniss zu Athen trat und sich zur Zahlung des früheren Tributes sowie der Rückstände der letzten zwei Jahre verpflichtete. Dagegen sollten die Athener bis zur Rückkehr der erwähnten Gesandtschaft sich aller Feindseligkeiten gegen Pharnabazos Provinz enthalten[39]).

---

35) Man beachte das Impf. ἀπετείχιζε bei Xen. § 4 sowie das Part. Praes. ἀποτειχιζομένης bei Plut. 30 zu Anfang. 36) Xen. § 7 διὰ τὴν στενοπορίαν, τοῦ ποταμοῦ καὶ τῶν ἀποτειχισμάτων ἐγγὺς ὄντων. 37) Xen. § 8 ungenau χρήματα πράξων, ebenso Diod. u. Plut.; das Richtige Xen. § 10 ἔχων Χερρονησίτας τε πανδημεὶ καὶ ἀπὸ Θρᾴκης στρατιώτας καὶ ἱππεῖς πλείους τριακοσίων, womit weiterhin auch Diod. 66, § 3 Ἀλκιβιάδης δὲ ἀθροίσας etc. stimmt. 38) Diod. XIII, 66 οἱ δὲ περὶ Θηραμένην, Xen. § 8 οἱ δὲ λοιποὶ στρατηγοί; ähnlich Plut. 39) Xen. § 8—9 giebt den Vertrag am ausführlichsten, aber trotzdem sehr ungenau. Nach ihm sieht es so aus, als hätte Kalchedon seine Selbstständigkeit behalten, namentlich wenn man die Worte Ἀθηναίους δὲ μὴ πολεμεῖν Καλχηδονίοις berücksichtigt. Dass Kalchedon jetzt wieder eine athenische Besatzung erhielt, geht aus II, 2, 1 hervor, wo angegeben ist, dass Byzanz und Kalchedon sich nach der Schlacht bei Aigospotamoi dem Lysandros ergeben und ihre athenischen Besatzungen vertragsmässig entlassen hätten. Wollte man dem entgegenhalten, dass Kalchedon ja späterhin, etwa durch Thrasybulos im nächsten Jahre, als er mit 30 Schiffen wieder an der thrakischen Küste operirte (I, 4, 9) unterworfen sei, so streitet dagegen, dass nach der obigen Darstellung eine Macht von 30 Schiffen hierzu nicht ausreichte, dies auch gegen den Vertrag

Inzwischen hatte Alkibiades ansehnliche Streitkräfte im Chersonese und in Thrakien aufgebracht, Selybria durch Verrath genommen und war dann weiter gegen Byzanz vorgerückt. Man liess ihn jetzt nach Chrysopolis bescheiden, weil Pharnabazos die Beschwörung des Waffenstillstandes verweigerte, wenn nicht athenischerseits Alkibiades den Eid ablegte. Man sieht, wie Alkibiades auch von Pharnabazos als die Hauptperson und Seele der ganzen Unternehmungen angesehen wurde. Nachdem der Vertrag gegenseitig beschworen war, wandte sich die ganze athenische Macht gegen Byzanz. Die Bezwingung dieser Stadt war nicht so leicht, einmal wegen ihrer Grösse und der Festigkeit ihrer Mauern, sodann weil sie zweimal eine ansehnliche Verstärkung von Lakedaimoniern, Megarern und Boiotern erhalten hatte[40]). Und Klearchos, der spartanische Harmost, der in ihr waltete, bekannt wegen seiner Strenge[41]), war nicht der Mann, der vor den äussersten Massregeln zurückschreckte, wenn es galt die Stadt zu halten. Das Verfahren, welches die Athener einschlugen, war dasselbe wie bei Kalchedon. Byzanz wurde von der Seeseite abgesperrt, und auch von der Landseite, wo wiederum Alkibiades befehligte, gelang dies. Weitere Versuche jedoch die Feste zu stürmen misslangen. Aber da stellte sich drinnen ein böser Feind, der Hunger, ein; und wiewohl Klearchos, was an Vorräthen da war, hauptsächlich für die Krieger zurück behielt und Weiber und Kinder ruhig hinsterben liess, so musste doch über kurz oder lang auch das ein Ende nehmen. Rasch entschlossen schlich er sich aus der Stadt hinaus. Sein Plan ging dahin, von Pharnabazos Geld zu erbitten, von allen Seiten etwa vorhandene Reste von Schiffen oder neu gebaute zu sammeln, damit im Rücken der Athener ihre Bundesgenossen anzugreifen und so die athenische Flotte zum Abzuge zu zwingen. Aber bevor er noch hiermit den Anfang gemacht hatte, geschah, was er am allerwenigsten erwartet hätte. Sowie er fort war, knüpfte eine von früher her noch vorhandene athenische Partei mit Alkibiades heimlich Unterhandlungen an, indem sie sich erbot die Stadt zu verrathen, unter der Bedingung, dass sie geschont würde. Alkibiades war hierzu gern bereit. Eine Kriegs-

---

verstossen haben würde. Was hätten denn auch die Athener für Vortheile von dem Vertrage gehabt, wenn Kalchedon, woran ihnen ja so viel gelegen war, nicht in ihren Besitz übergegangen wäre? Ausserdem vermisst man bei Xenophon das, woran doch Pharnabazos am meisten liegen musste, nämlich die Verpflichtung seitens der Athener sich aller Feindseligkeiten gegen sein Gebiet zu enthalten. Jedenfalls trifft Plutarchos diesmal das Richtige, wenn er Xenophon verbessernd am Anfang von Cap. 31 sagt σπονδὰς ἐποιήσαντο πρὸς Φαρνάβαζον ἐπὶ τῷ χρήματα λαβεῖν καὶ Χαλκηδονίους ὑπηκόους πάλιν Ἀθηναίοις εἶναι, τὴν δὲ Φαρναβάζου χώραν μὴ ἀδικεῖν.

40) Thuk. VIII, 80; Xen. Hell. I, 1, 36.   41) Xen. An. II, 6, 9 τοῦτο δ' ἐποίει ἐκ τοῦ χαλεπὸς εἶναι; Diod. 66 zu Ende ἦν γὰρ ὁ Κλέαρχος χαλεπός.

list wurde, um des Erfolges ganz sicher zu sein, verabredet. Heer und Flotte der Athener verschwanden eines Tages, erschienen jedoch mit Einbruch der Nacht wieder. Ein Angriff wird von der Flotte auf den Hafen gemacht. Dorthin stürzt sich alles zur Vertheidigung. Jetzt wird das verabredete Signal gegeben und Alkibiades mit seinen Truppen eingelassen. Aber die Vertheidiger der Stadt strecken nicht feige die Waffen, sondern werfen sich den von allen Seiten eindringenden Feinden entgegen. Auf dem Markte kommt es zu einem harten Kampfe, dessen Ende erst eintritt, als die Athener durch Heroldsruf verkünden, dass den Byzantiern nichts zu Leide gethan werden solle. Was von der fremden Besatzung nicht fällt, wird gefangen genommen und nach Athen gebracht; die Stadt aber tritt in ihr früheres Verhältniss zu Athen zurück[42]). Das geschah im Herbst 409.

Mit der Einnahme von Byzanz war das letzte Stück Arbeit auf diesem Kriegsschauplatze gethan; weitere Unternehmungen verbot der mit Pharnabazos abgeschlossene Waffenstillstand. Das nächste wäre nun gewesen Jonien in Angriff zu nehmen, wie es zuvor Thrasylos vergeblich versucht hatte; doch stand man auch davon ab, vermuthlich deshalb, weil Alkibiades sich mit der Hoffnung schmeichelte, dass die athenische Gesandtschaft in Susa einen Vertrag zu Stande bringen würde und unter diesen Umständen Persien nicht gereizt werden durfte. So kehrte denn nach Ablauf des Winters von 409—408 der grösste Theil der athenischen Heeresmacht nach Hause zurück; nur Thrasybulos ging auf seinen alten Posten an der thrakischen Küste mit 30 Schiffen zurück[43]), um auch hier die athenische Herrschaft wieder vollständig herzustellen. Unter den Zurückkehrenden, wahrscheinlich unter denen, die mit Thrasylos dem Alkibiades nach Athen vorauszogen, befand sich auch Theramenes[44]). Nach dreijähriger Abwesenheit sah er seine Vaterstadt wieder, nachdem er rühmlichst während dieser ganzen Zeit an der Wiederherstellung der athenischen Seeherrschaft mitgeholfen hatte. Zwar gebührte der erste Preis unstreitig dem rastlosen, immer erfinderischen,

---

[42]) Xenophon berichtet nichts von der Kriegslist und dem Kampfe. Dass aber eine so starke Besatzung und der weitaus grössere Theil der Bürgerschaft, der doch auf Seiten Spartas stand, so ohne weiteres sich ergeben haben sollte, ist schwer glaublich. Auch die Kriegslist ist unter solchen Umständen sehr am Platze. Diodoros und Plutarchos haben beides und stimmen im wesentlichen überein. Unwahrscheinlich ist bei Plutarchos nur, was ich schon vorhin erwähnt habe, dass Theramenes in dem Kampfe in der Stadt als Sieger des linken Flügels erwähnt wird, wo wir Thrasylos erwarten, der bis dahin stets mit Alkibiades die Kämpfe zu Lande geführt hatte: sie beide hatten ja vorzugsweise die dazu erforderlichen Truppen, Thrasylos aus Athen, Alkibiades aus Thrakien und dem Chersonese. [43]) Xen. Hell. I, 4, 9. [44]) Ebend. § 10. Nur Nep. Alc. VI, 3 nennt unter den Zurückkehrenden Theramenes und neben ihm unrichtig Thrasybulos.

ja hier gradezu genialen Alkibiades, der jetzt, wo es galt das verlorne Vaterland wiederzugewinnen, gleichsam ein anderer Mensch geworden zu sein schien; und dieses Verdienst soll ihm keineswegs geschmälert werden. Aber daneben müssen wir ebenso des Theramenes und Thrasybulos, zum Theil auch des Thrasylos Thaten anerkennen, die bereitwillig auf Alkibiades Pläne eingingen, seinem Genie sich unterordneten und das einzelne ein jeder an seinem Platze, vieles auch selbständig für sich allein ausführten[15]). Ohne solche tüchtige Mitarbeiter wäre das Werk nicht gelungen. Wie griff doch alles so vortrefflich in einander! Wie wetteiferten Soldaten, Matrosen und Führer unter einander am Siege theilzunehmen![16]) Wie ging das jetzt so ganz anders als in dem nächsten Feldzuge vom J. 408 bis 407, wo derselbe Alkibiades über nicht minder grosse Streitkräfte den Oberbefehl hatte! Kein Unfall, abgesehen von Thrasylos verunglückter Unternehmung gegen Ephesos, störte den ununterbrochenen, beispiellosen Siegeslauf. Aber Alkibiades allein erntete den vollen Ruhm von diesem allen: ihm strömte man entgegen, um ihn zu begrüssen, zu geleiten oder wenigstens von ferne zu sehen; die übrigen Feldherrn wurden neben ihm kaum beachtet. Und was sagte Alkibiades dazu? Furchtsam und beklommen stand er vorn auf dem Verdecke seines Schiffes, und erst als er seine Freunde und Bekannten, worunter wir Theramenes und seine Partei vorzugsweise zu verstehen haben, ihm von allen Seiten freundlich zuwinken sah, stieg er ans Land, ihrem Schutze sich anvertrauend[17]).

IV. Der Feldherrnprozess im J. 406.

Von Theramenes hören wir zwei Jahre lang nicht das geringste. Als Feldherrn für den nächsten Kriegszug werden ausser Alkibiades und Thrasybulos noch Konon, Aristokrates und Adeimantos namentlich aufgeführt; letztere beide sollten den Befehl zu Lande haben[1]). Wer die fünf anderen gewesen, wissen wir nicht; wahrscheinlich nicht Theramenes und Thrasylos, da in diesem Falle Xenophon wohl ihre Namen nicht verschwiegen hätte. Dass Thrasylos nicht wieder gewählt wurde, daran mochte die Niederlage von Ephesos Schuld sein, auch wohl der Umstand, dass er Alkibiades ferner stand; was aber bei Theramenes zu Grunde lag, das ist uns unbekannt. Unfähigkeit in seiner Amtsführung konnte ihm gewiss niemand vorwerfen, und unpopulär kann er damals am allerwenigsten gewesen sein: stand er früher und auch später beim Volke in hohen Ehren[2]),

---

15) Darauf macht Nepos verschiedene Male richtig aufmerksam; vergl. Alc. V, 5 u. VI, 3 und namentlich Thrasyb. 1, 3.   46) Vergl. den sehr bezeichnenden Zwischenfall zwischen den Soldaten des Alkibiades und des Thrasylos bei Xen. Hell. 1, 2, 15 u. 17.   47) Xen. Hell. 1, 4, 18—19.
1) Ebend. § 10 u. 21.   2) II, 3, 30 u. Lys. XII, 65 u. 68.

so musste das jetzt noch mehr der Fall sein, wo er als einer der ruhmgekrönten Sieger zurückkehrte. Zwar fand er das Athen, was er im Jahre 411 verlassen hatte, nicht mehr vor: sein Werk besonders, die gemässigte demokratische Verfassung jenes Jahres, war seit dem Siege von Kyzikos allmählich zerbröckelt und vollends seit Alkibiades Rückkehr, mit welcher die Armuth Athen verlassen zu haben und Plutos, der Gott des Reichthums, wieder eingezogen zu sein schien[3]), verschwunden und hatte der alten Demokratie mit ihrem allgemeinen Stimmrechte und den Besoldungen für Staatsämter wieder Platz gemacht[4]). Aber Theramenes Ansehen konnte dadurch, augenblicklich wenigstens, noch nicht erschüttert sein. Doch vielleicht gehörte Theramenes zu den Feldherrn, die zwar gewählt waren, aber vorläufig in Athen blieben und nicht weiter zur Verwendung kamen, da ja nur in den allerseltensten Fällen alle zehn Feldherrn in den Krieg zogen. Theramenes selbst mochte wünschen bei den veränderten staatlichen Verhältnissen nicht fern von Athen zu sein, und nicht minder musste Alkibiades, als er wieder fortsegelte, daran liegen in Theramenes und seiner Partei eine Stütze für sich zurückzulassen, eine Stütze, die sich freilich im nächsten Jahre gegenüber den Wühlereien seiner oligarchischen Feinde und den von neuem entfesselten Leidenschaften des Volkes als viel zu schwach erwies, als dass sie ihn hätte halten können. Anders freilich liegt die Sache bei den nächsten Feldherrnwahlen für das Jahr 407—406. Da wurden in den Sturz des Alkibiades auch die ihm Nächststehenden mit verwickelt, und so finden wir es ganz natürlich, dass unter den zehn Feldherrn, die dies mal alle namentlich von Xenophon aufgeführt werden[5]), weder Thrasybulos noch Theramenes erscheint, wohl aber Thrasylos, der nicht in dem Masse wie jene Alkibiades persönlich nahe stand[6]).

Erst als Konon, bei Mytilene geschlagen, nach einem Verluste von 30 Schiffen mit den übrigen 40 in dem Hafen dieser Stadt von den Lakedaimoniern blockirt wurde und die Nachricht hiervon nach Athen kam, kehrten Theramenes und Thrasybulos auf den Kriegsschauplatz zurück, nicht als Feldherrn, da keine zu ernennen waren, sondern als Trierarchen[7]), indem sie im Augenblicke der Noth ihre Mittel und Kräfte zur Ausrüstung je eines Schiffes dem Staate zur Verfügung stellten.

Wieder hatte Athen ein grosses Unglück getroffen, und noch einmal raffte es sich auf und stellte zum Kampfe den Feinden entgegen, was irgendwie kampffähig war: Jung und Alt, Freie und Sklaven bestiegen die Schiffe, und schon nach dreissig Tagen segelte

---

3) Der Aristophanische Πλοῦτος wurde zum ersten Male im J. 408 aufgeführt. 4) Vergl. namentlich Herbst's Untersuchungen „über die Dauer der Fünftausend" in der 2. Beil. zu „die Schlacht bei d. Argin." Hamb. 55. 5) Hell. I, 5, 16. 6) Vergl. oben S. 234. 7) Xen. Hell. I, 6, 35.

wieder eine starke Flotte⁸) ins Meer hinaus. Nachdem man von allen Seiten noch etwa vorhandene Verstärkungen an sich gezogen und auch die Bundesgenossen so viel wie möglich in Anspruch genommen hatte, konnte man in einer Stärke von über 150 Schiffen den Feinden die Schlacht⁹) anbieten. Es kam dazu in dem Sunde zwischen der Insel Lesbos und der asiatischen Küste, da wo dem lesbischen Vorgebirge Malea gegenüber drei kleine Inseln, die Arginusen, liegen. Diese Inselgruppe wählten die Athener zu ihrer Stellung: links und rechts davon waren die beiden Flügel in einer Stärke von je 60 Schiffen in doppelter Linie aufgestellt, während das schwächere Centrum von dreissig und etlichen Schiffen in ähnlicher Stellung, so dass 20 die erste Linie bildeten, sich unmittelbar an die Inseln anlehnte. Theramenes wurde von seinem ehemaligen Mitfeldherrn Thrasylos, der an diesem Tage den Oberbefehl führte, mit auf den Ehrenposten der ersten Linie des äussersten rechten Flügels gezogen¹⁰). Der feindliche Admiral Kallikratidas konnte dagegen nur 120 Schiffe, alle in einer Linie, aufstellen, da er Eteonikos mit 50 Schiffen im Hafen von Mytilene zur weiteren Blockirung Kononʃ zurückgelassen hatte. Die Athener erfochten durch ihre Uebermacht und alte Seetüchtigkeit einen letzten herrlichen Sieg in diesem Kriege: Kallikratidas selbst fiel auf feindlicher Seite, und ziemlich zwei Drittel¹¹) von seiner Flotte gingen verloren. Auch auf Seiten der Athener waren bei der Heftigkeit des Kampfes 13 Fahrzeuge in den Grund gebohrt, und 12 andere¹²) trieben nach der Schlacht als Wracks auf dem Meere umher, noch manchen wackeren athenischen Kämpfer beherbergend. Andere von der Mannschaft, doch nur wenige, hatten sich durch Schwimmen an das Land gerettet.

Als die Sieger von der Verfolgung der Feinde abliessen, fuhren sie nicht nach der Stelle zurück, wo der Kampf stattgefunden hatte, sondern legten bei den Arginusen an und stiegen ans Land¹³). Die Feldherrn traten zur Berathung zusammen, was weiterhin zu thun sei. Die Meinungen gingen nach zwei Seiten auseinander. Diomedon rieth, man solle insgesammt wieder ins Meer stechen und der doppelten Pflicht gegen Lebende und Todte Genüge thun, indem man die noch auf den Wracks befindliche Mannschaft rette und die Todten auflese¹⁴); Erasinides dagegen hatte mehr die gänzliche Ver-

---

8) Nach Xen. Hell. I, 6, 24 110 Schiffe, nach Diod. XIII, 97, 1 und Plat. Menex. 243C nur 60; wie beide Angaben zu vereinen sind, darüber vergl. Herbst a. a. O. S. 27. 9) Die Schlacht bei den Arginusen bei Xen. Hell. I, 6, 24—34; Diod. XIII, 97—100. 10) Diod. 98, 3. 11) Nach Xen. § 34 über 70; Diod. 100, 3 nennt 77. 12) Xen. I, 6, 34 u. 7, 30; Diod. 100, 3. So erklärt sich ganz einfach die verschiedene Zahl von 25 und 12 Schiffen. S. Grote IV, S. 445, Anm. 71. 13) Xen. I, 7, 29 κρατήσαντες τῇ ναυμαχίᾳ εἰς τὴν γῆν κατέπλευσαν. Dass damit die Arginusen gemeint sind, versteht sich von selbst; cf. I, 6, 38 τοῖς Ἀθ. ἤδη ἀνῃρημένοις ἐκ τῶν Ἀργινουσῶν. 14) Die Rettung der Lebenden ist die Hauptsache; deshalb heisst es bei Xen. I, 6, 35 nur πλεῖν

nichtung der feindlichen Seemacht im Auge und hiess deshalb augenblicklich gegen Eteonikos nach Mytilene aufbrechen, bevor derselbe die Kunde von dem Geschehenen empfinge. Endlich machte Thrasylos als Oberbefehlshaber dem Streite ein Ende, indem er beides anordnete. Jeder von den 8 Feldherrn, die der Schlacht beigewohnt hatten, sollte 3 Schiffe von seiner Abtheilung abgeben, und diese 24 in Verbindung mit den 10 Schiffen der Taxiarchen, den 3 der Nauarchen und den 10 der Samier, in Summa 47, sollten zur Aufsammlung der Todten und Schiffbrüchigen zurückbleiben, die übrigen aber gegen Mytilene zur Vernichtung des Eteonikos und Befreiung Konons absegeln. Zu ersterem Geschäfte wurden auch Theramenes und Thrasybulos, neben den Feldherren die angesehensten und seetüchtigsten Männer, als die Leiter des Ganzen abkommandirt[15]). Aber als man nun endlich ans Werk gehen wollte, hatte sich inzwischen der Wind aufgemacht: die See ging hoch, der Wind stand entgegen[16]) und die Steuerleute machten auf das Gefährliche der Fahrt aufmerksam. Auch die Mannschaft verspürte, ermüdet wie sie war, unter solchen Umständen wenig Lust dazu und ging lässig, ja theilweise sogar mit Widerstreben ans Werk[17]). Kurz, ehe Theramenes und Thrasybulos noch die verschiedenen Schiffe zusammenbringen konnten, war aus dem Winde ein Sturm geworden, der jedes Auslaufen verhinderte, so dass beide Beschlüsse nicht zur Ausführung kamen[18]); und damit waren die auf dem Meere Umhertreibenden rettungslos verloren. Denn als der Sturm sich wieder legte, war die See reingefegt, und auch die feindliche Flotte bei Mytilene, die grössere Rührigkeit gezeigt, hatte sich inzwischen durch rechtzeitiges Absegeln nach Chios in Sicherheit gebracht.

Ich sagte soeben, dass die Feinde grössere Rührigkeit gezeigt hätten; wenigstens hatte derselbe Wind eine feindliche Jacht nicht gehindert die Kunde von der Niederlage dem Eteonikos nach Mytilene

---

ἐπὶ τὰς καταδεδυκυίας ναῦς καὶ τοὺς ἐπ' αὐτῶν ἀνθρώπους; dagegen 1, 7, 29 ἀναιρεῖσθαι τὰ ναυάγια καὶ τοὺς ναυαγούς. Diod. 100 spricht sonderbarer Weise immer nur von dem Aufsammeln der Todten. Vergl. Grote S. 443, Anm. 69 und Herbst S. 37, Anm. 51.

15) Xen. I, 7, 30—31.   16) Dies folgt daraus, dass den lakedaimonischen Schiffen, als sie von Mytilene nach Chios entkamen, derselbe Wind günstig war; cf. Xen. I, 6, 37. Es muss also ein aus Norden kommender gewesen sein, sei es nun reiner Nord, oder Nordost, oder Nordwest.   17) Diod. 100, 2. Wenn auch Xenophon diese letzteren Thatsachen nicht berührt, so sind sie doch zu selbstverständlich; auch werden sie bestätigt durch Aristoph. Frösche 1071, wo die Paraler mit Bezug auf diesen jüngst vorgekommenen Fall als solche Widersprechenden bezeichnet werden: τοὺς παράλους ἀνέπεισεν ἀνταγορεύειν τοῖς ἄρχουσιν.   18) Auch zum Absegeln nach Mytilene kommt es vorläufig nicht; denn Xen. I, 7, 31 heisst es ἔπλεον (sie schickten sich an zu segeln), nicht ἔπλευσαν, so dass ἔπλεον also dasselbe besagt wie I, 6, 35 ταῦτα δὲ βουλομένους ποιεῖν ἄνεμος καὶ χειμὼν διεκώλυσεν αὐτοὺς μέγας γενόμενος.

zu überbringen und dann durch nochmaliges Hinaussegeln aus dem
Hafen und Wiederzurückkehren den Konon durch falschen Siegesjubel
zu täuschen, alles darauf berechnet, ungehindert zu entkommen[19]).
Und wollte man dem auch entgegnen, dass bis dahin der Sturm
noch nicht eingetreten war, so wird man doch wenigstens soviel
zugeben müssen, dass kostbare Stunden verstrichen waren, die zur
Rettung der Hülfsbedürftigen, wenn sie zur rechten Zeit in Angriff
genommen wäre, vollständig ausgereicht hätten. Man komme auch
nicht mit dem Einwande, dass die Feldherrn das Eintreten des Sturmes nicht ahnen konnten. Das ist ja selbstverständlich; aber ebenso
selbstverständlich hätte es bei regerem Pflichtgefühl für sie sein
müssen, bei dem Zustande der Wracks, die jeden Augenblick sinken
konnten, sobald als möglich, also unmittelbar von der Verfolgung
der Feinde auf das Schlachtfeld zurückzukehren und die noch lebendig
Umhertreibenden aufzunehmen; nicht aber erst auf den Arginusen
zu landen, eine Versammlung anzuberaumen, lang und breit über
die zu ergreifenden Schritte zu berathen, dann zur Ausführung einer
an sich schon umständlichen Massregel sich zu bequemen und so
den richtigen Augenblick zu versäumen. Denn umständlich muss ich
die Art und Weise nennen, wie die 47 Schiffe aus den verschiedensten Abtheilungen der Flotte zusammengebracht werden sollten, statt
sofort die ersten besten Schiffe abzusenden, wo jede Minute kostbar
war. Eine wenn auch in dem Siegesjubel zu entschuldigende Saumseligkeit der Feldherrn liegt also unzweifelhaft vor. Xenophon bei
seinem leicht begreiflichen Mitleide mit dem schliesslichen Schicksale der angeklagten Feldherren berührt dies nie ausdrücklich; da
die Darstellung aber, wie wir sie von dem ganzen Verlaufe der
Dinge gegeben haben, in ihren Einzelheiten grade ihm entnommen
ist, so wird man um so weniger auch an ihrer Richtigkeit zweifeln
dürfen[20]).

19) Xen. Hell. I, 6, 36.   20) Dass in dieser Weise eine Schuld
seitens der Feldherrn vorliegt, zeigt Grote an verschiedenen Stellen und
zum Schluss S. 469. Herbst bestreitet das, geht aber zu wenig auf den
Kern der Sache ein, wenn er S. 54 sagt: „Der augenblicklich nach der
Rückkehr von der Verfolgung des Feindes gefasste Beschluss, die Leichen
und Schiffbrüchigen aufzusammeln, zeigt uns den guten Willen der Feldherrn" u. s. w. Die obige Darstellung wird zur Genüge bewiesen haben,
wie wenig von „einem augenblicklich nach der Rückkehr von der Verfolgung des Feindes gefassten Beschlusse" die Rede sein kann. Wenn
er ferner S. 56 Anm. wenigstens einen Versuch zur Ausführung machen
lässt — er sagt: „Beides wird unternommen, aber an Seehalten ist
weder für die Einen noch die Anderen zu denken" — so streitet auch
das gegen Xen. I, 6, 35. Die Worte ταῦτα δὲ βουλομένους ποιεῖν
ἄνεμος καὶ χειμὼν διεκώλυσεν zeigen wohl den guten Willen, schliessen
aber einen Versuch, wenigstens ein Besteigen der Schiffe und in See
Stechen, vollständig aus; vergl. auch I, 7, 32 ὁ χειμὼν διεκώλυε μηδὲν
πρᾶξαι ὧν οἱ στρατηγοὶ παρεσκευάσαντο. Diodoros' Bericht (100), den
Herbst hierbei vor Augen gehabt zu haben scheint, ist unklar: es findet
eine Berathung der Feldherrn statt, wie es scheint zu Schiffe auf hoher

Als das Furchtbare geschehen war und Hunderte von Menschen, die man wohl hätte retten können, in der Tiefe des Meeres begraben lagen, da erst wurde es den Feldherrn so recht bewusst, welche Verantwortlichkeit auf ihnen lastete. Sie traten zusammen und beschlossen einen Bericht von dem Siege nach Athen zu senden. Sie berührten darin natürlich auch den Verlust der 25 Schiffe sammt dem grössten Theile der Mannschaft und fügten hinzu, dass das Aufsammeln der Todten und die Rettung der Schiffbrüchigen durch den Sturm verhindert worden sei [21]). Zugleich aber suchten sie die Verantwortung für das Geschehene von sich selbst auf Theramenes und Thrasybulos abzuwälzen. Sie hatten deshalb ursprünglich in dem officiellen Berichte einen Passus hinzufügen wollen des Inhalts, dass Theramenes und Thrasybulos den Auftrag erhalten hätten mit 47 Dreiruderern die Schiffbrüchigen zu retten, dass diese es aber nicht gethan hätten [22]). Doch standen sie davon auf den Rath des Perikles und Diomedon ab, nicht aus Menschenfreundlichkeit, wie Xenophon den Euryptolemos in seiner Rede zur Vertheidigung der Feldherrn sagen lässt [23]), sondern wohl in der richtigen Erkenntniss, eine wie zweischneidige Waffe sie dadurch sich selbst schmiedeten. Denn das musste ihnen doch klar sein, dass sie Theramenes und Thrasybulos, deren Ansehen und Einfluss bei den Athenern trotz Alkibiades Falle noch gross genug war, dadurch zu ihren Todfeinden machten. Hatte diese es schon mit Unmuth erfüllt, dass man grade sie mit einem so heikligen Auftrage beehrte, wie die Aufsammlung von Todten und Schiffbrüchigen war, während sämmtliche Feldherrn zu neuen Trophäen absegeln wollten und keiner den Befehl über eine so namhafte Anzahl von 47 Schiffen zu übernehmen Lust verspürte, so musste vollends über die jüngste Beschuldigung, die gegen sie ausgesprochen wurde, ihr Zorn in hellen Flammen auflodern. Denn wenn auch schliesslich in dem Berichte an Volk und Rath jener Zusatz fortgelassen wurde: die Beschuldigung war ausgesprochen worden, in welcher Absicht, das lag auf der Hand, und zwar nicht von urtheilslosen Menschen im Lager, sondern von den Feldherrn selbst, die am besten wussten, wie die Sache sich verhielt, und dass Theramenes und Thrasybulos am allerwenigsten ein Vorwurf traf. Einmal ausgesprochen aber pflanzte sich die Beschuldigung weiter fort, zuerst im athenischen Lager und von da auch nach

---

See, was bei der Zerstreuung der Flotte ganz undenkbar ist; der Beschluss wird gefasst, kommt aber wegen des Sturmes und der Weigerung der Mannschaft nicht zur Ausführung, und nun erst segeln sie nach den Arginusen zurück. Die Worte εἰc Ἀργινούcαc κατέπλευcαν (§ 3) stehen bei ihm an verkehrter Stelle; sie gehören vielmehr an den Anfang des Kapitels hinter die Worte μετὰ δὲ ταῦτα (etwa εἰc Ἀργιν. καταπλεύcαντες) τῶν cτατηγῶν οἱ μὲν etc., womit ich natürlich nicht sagen will, dass man so Diodoros corrigiren soll. Jedenfalls lässt Xenophon an Deutlichkeit nichts zu wünschen übrig.

21) Xen. I, 7, 4.   22) I, 7, 17.   23) Ebend. § 18.

Athen: es konnte ja nicht ausbleiben, dass auch privatim die Feldherrn darüber sprachen und den Ihrigen Nachricht zukommen liessen und dabei natürlich auch des dem Theramenes und Thrasybulos ertheilten Auftrages und seiner Nichtausführung Erwähnung thaten. Nur war es schlimm, wenn man nur von der Nichtausführung sprach und nicht auch von der Unmöglichkeit der Ausführung[24]).

Der Eindruck, den die Nachricht von dem Siege in Athen hervorrief, konnte nicht anders als ein getheilter sein. Man bedenke doch, dass Athen zu der Ausrüstung der Flotte, die die Schlacht geschlagen hatte, seine letzten grossartigsten Opfer gebracht hatte: es war ja keine aus Athenern und den verschiedensten Bundesgenossen zusammengesetzte Flotte, sondern, ausser den 10 samischen und ein paar anderen Bundesgenossenschiffen, ausschliesslich eine athenische Streitmacht, zu der alles aufgeboten war, was irgend wie verwandt werden konnte, Bürger, Metoiken und Sklaven ohne Unterschied. Und nun gingen in der Schlacht davon 25 Schiffe mit dem grössten Theile der Mannschaft verloren. Wahrlich, ein grosser und allgemeiner Verlust, von dem die ganze Bürgerschaft betroffen war. Wohl musste sich da in den Siegesjubel, nachdem der erste Rausch vorüber war, ein allseitiger Kummer mischen. Wieder und wieder musste sich die Frage aufdrängen: 25 Schiffe mitsammt der Mannschaft verloren, und nichts gethan, um letztere zu retten? Gleich von vornherein argwöhnte das Volk, dass hier wohl nicht alles so zugegangen sei, wie es hätte der Fall sein müssen, und entsetzte deshalb sämmtliche Feldherrn, die an der Schlacht theilgenommen hatten, ihres Commandos, während Konon, der der Schlacht nicht beigewohnt hatte, in seiner Stellung belassen wurde[25]). Ich wüsste wenigstens nicht, was man anders als Grund für diese so auffällige Massregel geltend machen wollte. Zugleich mit der Nachricht von ihrer Amtsentsetzung erhielten die Feldherrn die Vorladung nach Athen zurückzukehren und sich zur Verantwortung zu stellen[26]). Sechs von ihnen, nämlich Perikles, Diomedon, Lysias, Aristokrates, Thrasylos und Erasinides folgten, während Protomachos und Aristogenes nichts Gutes ahnten und eine freiwillige Verbannung der

---

24) So sind wahrscheinlich die verschiedenen Berichte, die Xen. u. Diod. 101, 2 hierüber geben, zu vereinigen; s. Grote S. 452 und Breitenbach zu Xen. Hell. I, 7, 17. Denn nach Diodoros haben die Feldherrn wirklich einen Brief an das athenische Volk gesandt, worin sie auch des Auftrages erwähnten, den sie Theramenes und Thrasybulos gegeben hatten (und seiner Nichtausführung, was Diodoros vergisst hinzuzufügen). Dadurch seien diese, die schon vor den Feldherrn nach Athen zurückgekehrt seien, mit ihrem mächtigen Anhange zu den erbittertsten Feinden und Anklägern jener geworden. 25) Xen. I, 7, 1. 26) Diod. XIII, 101, 5 τοὺς δ' ἄλλους ἐψηφίσατο τὴν ταχίστην ἥκειν; doch setzt Diodoros den Zeitpunkt der Vorladung und Amtsentsetzung unrichtig erst nach der Freisprechung des Theramenes und der Anklage der Feldherrn durch diesen.

Rückkehr vorzogen²⁷). Dass diese beiden das thaten, zeigt wiederum, dass ihr Gewissen sie doch nicht ganz von Schuld freisprach, während die anderen sechs, wenn sie der Vorladung Folge leisteten, hoffen mochten durch die Macht ihrer Persönlichkeit und ihres Anhanges²⁸) sowie durch Geltendmachung des errungenen Sieges, wenn nicht völlig freigesprochen zu werden, so doch leichten Kaufes davonzukommen. An eine Verurtheilung zum Tode dachte gewiss keiner von ihnen. Unterdessen war natürlich die Aufregung und Erbitterung in Athen immer mehr gestiegen. Man sprach von nichts anderem als von der Schlacht und dem eigenen Verluste, erörterte immer von neuem die Frage, wie es doch gekommen wäre, dass kein Schiffbrüchiger gerettet, kein Todter aufgelesen und ihm die letzte Ehre erwiesen sei. Nun erfuhr man — auf welchem Wege, ist oben auseinandergesetzt worden —, dass Thrasybulos und Theramenes den Befehl erhalten hätten mit 47 Schiffen dies zu thun, dass aber dieser Befehl nicht zur Ausführung gekommen sei. Dass der Sturm daran Schuld gewesen, glaubte man nicht recht, sondern meinte, dass das nur der Deckmantel für eine unverantwortliche Nachlässigkeit sei. Man hielt sich also vorläufig an Thrasybulos, Theramenes und die anderen mit der Rettung der Schiffbrüchigen Beauftragten und bedrohte sie mit einer Anklage. Theramenes sieht ein, dass bei der Aufregung und Leidenschaft des Volkes sein Leben auf dem Spiele steht²⁹). Er muss sich vertheidigen, zuvörderst vor dem Rathe³⁰), und findet die beste Vertheidigung in einer wahrheits-

---

27) Diod. ebend. φοβηθέντες τὴν ὀργὴν τοῦ πλήθους ἔφυγον.
28) Um einen bedeutenden Anhang für die Feldherrn zu gewinnen, lässt Diod. dieselben fälschlich mit dem grössten Theile der Flotte zurückkehren.   29) Dass in irgend einer Weise die Schuld auf Theramenes und Thrasybulos geschoben wurde und gegen diese daher zuerst sich der Zorn des Volkes richtete, sagt nicht nur Diodoros (XIII, 101, 4), sondern deutet Xenophon selbst an zwei Stellen an, nämlich II, 3, 35 u. 32. An ersterer sagt Theramenes in seiner Vertheidigungsrede gegen Kritias, dass nicht er mit dem Anklagen den Anfang gemacht habe, sondern vielmehr die Feldherrn, indem sie erklärten, dass er ihren Befehl zur Aufsammlung der Verunglückten nicht ausgeführt habe. Nun könnte man allerdings sagen, dass das in dem Munde des Theramenes selbst wenig Beweiskraft habe. Aber die zweite Stelle bestätigt es. Hier sagt Kritias, dass Theramenes durch seine Anklage die Feldherrn getödtet habe, um sich selbst zu retten (ἵνα αὐτὸς περισωθείη). Das setzt voraus, dass Theramenes selbst zuvor angeklagt wurde und hierdurch sein Leben auf dem Spiele stand. Noch schwerer aber wiegt eine dritte Stelle, da sie unmittelbar nach dem Prozesse niedergeschrieben wurde. Bei Aristoph. Frösche 970 nämlich heisst es von Theramenes: σοφός γ' ἀνήρ καὶ δεινὸς εἰς τὰ πάντα, ὃς ἤν κακοῖς που περιπέσῃ καὶ πλησίον παραστῇ, πέπτωκεν ἔξω τῶν κακῶν. Die Frösche sind bald nach dem Feldherrnprocess zu Anfang des J. 405 aufgeführt; also ist das κακοῖς περιπίπτειν und ἔξω πίπτειν des Theramenes für die Zuhörer verständlich genug; es konnte damit nichts anderes als die Anklage und die Freisprechung des Theramenes gemeint sein.   30) Dass dies zuerst vor dem Rathe geschah, erwähnt Xenophon zwar nicht ausdrücklich, doch

getreuen Erzählung des Vorgefallenen. Zugleich bezieht er sich auf den officiellen Bericht der Feldherrn, worin diese die Grösse des Sturmes als die alleinige Ursache für die Nichtbefolgung des ertheilten Befehles angegeben hatten, eine Thatsache, die sie nicht widerrufen können und die später[i]n in der ersten Volksversammlung durch massenweise Zeugenaussagen erhärtet wird[31]). Freilich konnte Theramenes bei einer wahrheitsgetreuen Erzählung nicht umhin auf mancherlei aufmerksam zu machen, was für die Feldherrn mehr oder weniger belastend sein musste: dass sie von der Verfolgung nicht nach dem Schlachtfelde, sondern nach den Arginusen zurückgesegelt und dort zu einer Berathung zusammen gekommen seien, dass in derselben erst lang und breit über die zu ergreifenden Massregeln berathen und dass dann endlich der umständliche Befehl zur Zusammensetzung der 47 Fahrzeuge ihm und Thrasybulos gegeben sei, dass aber, bevor sie noch bei der Widerwilligkeit der Mannschaft die Schiffe hätten zusammenbringen können, der Sturm dermassen gewachsen sei, dass man an ein Auslaufen nun gar nicht mehr habe denken können. „Wenn also", so mochte Theramenes schliessen, „irgend welche schuldig sein sollen, so können wir es doch nicht sein, da wir, wenn auch vergebens, dem Befehle nachzukommen versuchten, sondern die Feldherrn selbst, die so kostbare Stunden zur Rettung der Unglücklichen unbenutzt vorübergehen liessen." Diese Ausführungen des Theramenes waren so überzeugend, dass von einer Anklage, die gegen ihn und seine Genossen sich richtete, von nun an nicht mehr die Rede war, vielmehr auf Antrag des Timokrates der Rathsbeschluss gefasst wurde alle sechs

---

dürfen wir nicht daran zweifeln, dass zugleich mit der Vernehmung der Feldherrn daselbst (I, 7, 3) auch die des Theramenes und seiner Genossen stattfand. Theramenes aber als der redegewandteste übernahm vorzugsweise die Vertheidigung. Dies ist der Grund, dass sowohl Diodoros wie meistentheils auch Xenophon nur von Theramenes und seinem Anhange spricht und Thrasybulos nicht namentlich erwähnt. Daraus nun aber zu schliessen, wie es Herbst S. 46 Anm. 63 und Breitenbach zu Xen. Hell. I, 7, 6 thun, dass Thrasybulos bei der Anklage der Feldherrn unbetheiligt gewesen sei, um so die Perfidie des einen gegenüber der Biederkeit des anderen in das gehörige Licht zu stellen, das scheint mir doch unstatthaft zu sein. Zu den Anhängern des Theramenes, welche die Feldherrn anklagen, wobei man nicht gleich an ein öffentliches Auftreten aller vor dem Rathe oder in der Volksversammlung zu denken braucht, gehört vor allen auch Thrasybulos, da sein Leben ebenso sehr wie das des Theramenes auf dem Spiele stand, desgleichen die Befehlshaber der anderen zur Rettung der Schiffbrüchigen beorderten Fahrzeuge. Das zeigt deutlich Xen. I, 7, 6 καὶ οὐχ ὅτι γε κατηγοροῦσιν ἡμῶν, ἔφασαν, ψευσόμεθα φάσκοντες αὐτοὺς αἰτίους εἶναι. Das Subject zu κατηγοροῦσιν ist aus den kurz vorhergehenden Worten Θηραμένει καὶ Θρασυβούλῳ καὶ ἄλλοις τοιούτοις zu entnehmen; nur dann geben die folgenden Worte αὐτοὺς αἰτίους εἶναι (dass sie selbst schuld sind), womit dieselben gemeint sind, einen Sinn. Wie könnten denn irgend welche andere von den Feldherrn hier als αἴτιοι bezeichnet werden?

31) Xen. I, 7, 6.

anwesenden Feldherrn in Haft zu nehmen, während anfangs nur Erasinides dies Schicksal gehabt hatte [32]).

Vom Rathe ging die Sache weiter an das Volk. Es wurde eine Volksversammlung anberaumt, in welcher besonders Theramenes neben anderen seine Anklage gegen die Feldherrn erhob, ohne Zweifel eine einfache Wiederholung dessen, was er schon vorher dem Rathe zu seiner Vertheidigung vorgebracht hatte. Die Feldherrn suchten sich in aller Kürze zu rechtfertigen — eine bestimmte Zeit dazu, wie sie das Gesetz vorschrieb, wurde ihnen abgeschnitten — und erzählten den Thatbestand: dass sie selbst gegen die Feinde hätten segeln wollen, die Fürsorge für die Verunglückten aber Theramenes, Thrasybulos und anderen aufgetragen hätten. Wolle man also irgend welchen die Schuld geben, so seien es diese [33]), die den Auftrag erhalten hätten. Aber nicht wollten sie lügen und behaupten, dass diese die Schuld trügen; vielmehr habe die Heftigkeit des Sturmes die Rettung der Nothleidenden gehindert. Diese Aussage wurde von Steuerleuten und vielen anderen bezeugt. Die Vertheidigung der Feldherrn machte den besten Eindruck: es liess sich alles dazu an, dass eine mildere Stimmung bei den Zuhörern Platz gegriffen hatte, und viele erklärten sich bereit Bürgschaft für die Angeklagten zu leisten. Aber die Verhandlung hatte sich durch die Menge derer, die entweder als Ankläger oder Vertheidiger oder Zeugen auftraten, so sehr in die Länge gezogen, dass es anfing dunkel zu werden und eine Abstimmung durch Handaufheben nicht mehr am Platze war. Drum wurde eilfertig der Beschluss gefasst — den Anklägern sehr willkommen, wer möchte das leugnen? — die Verhandlungen zu vertagen und eine neue Volksversammlung auf einen anderen Tag anzusetzen. Bis dahin aber sollte der Rath einen Vorbeschluss fassen und der Volksversammlung vorlegen, in welcher Weise die Feldherrn zu richten seien.

Höchst unglücklich für die Angeklagten traf es sich, dass in diese Zeit das dreitägige Fest der Apaturien fiel. Dasselbe versammelte sämmtliche in den Phratrien befindlichen Familienväter zu Opfern und Festschmäusen, wobei besonders der dritte Tag sich auszeichnete, an dem die in letzter Zeit gebornen Kinder vorgestellt und in die Register eingetragen wurden, während die noch schulpflichtige Jugend Proben ihrer Fortschritte gab [34]). Dieses Fest,

---

32) Xen. I, 7, 2—3. Bei Xenophon ist nicht ersichtlich, was Timokrates zu seinem Antrage bestimmte. 33) I, 7, 6. Man beachte diese letztere Wendung wohl; auch sie zeigt wiederum, wie die Feldherrn anfangs die Sache dargestellt hatten, und wie von vornherein sich zwei Parteien gegenüberstanden, die wechselseitig die Schuld auf einander schoben. Nur so wird auch die Erbitterung begreiflich, mit der Theramenes und seine Genossen die Angeklagten auch dann noch verfolgten, als schon ihre eigene Freisprechung erfolgt war; cf. Diod. XIII, 101, 3 ἐκ τῶν ἐναντίων ἔσχον (nämlich τοὺς περὶ Θηραμένην) ἀντιδίκους καὶ πικροὺς κατηγόρους. 34) Vergl. Schömann, Griech. Alterth. II, S. 485.

sonst ein Fest der Freude, trug diesmal ganz den Charakter der
Trauer: es gab ja fast keine Familie, die nicht den Tod irgend eines
ihrer Angehörigen in Folge der Seeschlacht zu beklagen gehabt
hätte, und so erschienen denn hierzu Leute in Trauergewändern und
mit geschorenem Haar in grosser Anzahl. Was war natürlicher, als
dass diese mit ihren Anverwandten sämmtlich zur Volksversammlung sich einstellten bei einer Verhandlung, die alle in so hohem
Grade anging? Musste sie nicht, wenn einmal gegen die Feldherrn
die Klage wegen Pflichtvergessenheit vorgebracht war, schon von
selbst eine heilige Pflicht rufen, die da gebot Rache zu nehmen an
denen, die an dem Tode der Ihrigen Schuld sein sollten? War hierzu
wirklich noch ein besonderes Anstiften nöthig, wie es Xenophon[35])
dem Theramenes und seiner Partei zur Last legt? Ich glaube nicht.
Ein Fall, der wie der vorliegende so wie so schon das allgemeine
Interesse ungewöhnlich in Anspruch nahm, musste natürlich noch
ganz anders auf die Anverwandten der Umgekommenen eine un-
widerstehliche Anziehungskraft ausüben. Mag Theramenes immerhin in den Kreisen, die ihm zunächst standen, das Seinige dazu
gethan haben, die Erbitterung gegen die Feldherrn noch mehr zu
schüren, für die Hervorbringung dieser Stimmung in weiteren Kreisen
bedurfte es seiner nicht[36]).

In der Volksversammlung nun legte Kallixenos — auch er soll
nach Xenophon von der Partei des Theramenes dazu vermocht sein
— als Antragsteller den Rathsbeschluss vor, der folgendermassen
lautete: da man in der vorigen Volksversammlung die Anklage
gegen die Feldherrn und ihre Vertheidigung bereits vernommen
habe, so sollten nun alle Athener nach Phylen darüber abstimmen.
Zu diesem Zwecke solle man für jede Phyle zwei Urnen hinstellen
und ein Herold dabei verkündigen, dass die vordere für die verdammenden, die hintere für die freisprechenden Stimmen bestimmt sei.
Und würden sie dann für schuldig befunden, so sollten sie mit dem
Tode bestraft und den Eilfmännern übergeben, ihr Vermögen aber
eingezogen und der Zehnte davon der Göttin geweiht werden[37]).
Stand es so schon von vornherein mit der Sache der Feldherrn
schlecht, so wurde sie noch dadurch verschlimmert, dass in der
Volksversammlung selbst jemand auftrat und aussagte, dass er sich
[nach der Seeschlacht] auf einem Mehlfasse gerettet habe. Ihm
hätten die Versinkenden den Auftrag ertheilt im Falle seiner Rettung
dem Volke zu verkünden, dass die Feldherrn die braven Kämpfer

---

35) Xen. I, 7, 8.   36) Vergl. Grote S. 457, der deshalb mit Recht
dem einfachen Berichte des Diodoros XIII, 101, 6 vor dem Xenophons
den Vorzug giebt. Diodoros sagt nur, dass den Feldherrn nicht zum
wenigsten die Verwandten der Umgekommenen zum Verderben gereicht
hätten, die in Trauerkleidern zur Versammlung gekommen wären und
das Volk gebeten hätten Rache zu nehmen u. s. w.   37) Xen. I,
7, 9—10.

nicht gerettet hätten³⁸). Jetzt versuchten Euryptolemos und etliche andere Freunde der Feldherren der Sache dadurch eine andere Wendung zu geben, dass sie gegen Kallixenos die Klage wegen gesetzwidriger Anträge, die sogenannte γραφὴ παρανόμων, vorbrachten. Dies fand bei etlichen aus dem Volke Zustimmung; der grosse Haufen aber schrie, dass es schlimm wäre, wenn man das Volk nicht thun liesse, was es wolle. Und als Lykiskos vorschlug über diese Antragsteller gleich ebenso wie über die Feldherrn zu richten, falls sie nicht ihre Gegenklage fallen liessen, da lärmte ihm wieder die Menge zu, und so wurden jene gezwungen von ihrem Vorhaben abzustehen. Weiterhin widersetzten sich die Prytanen einer solchen tumultuarischen und gesetzwidrigen Verhandlung: wiederum trat Kallixenos auf und bedrohte auch sie mit derselben Anklage, während der Pöbel schrie, man solle alle, die sich dessen weigerten, vor seinen Richterstuhl ziehen. Und die Prytanen liessen sich alle einschüchtern und gaben ihre Zustimmung bis auf einen: das war Sokrates, Sophroniskos' Sohn, der als Vorsitzender³⁹) derselben erklärte nicht anders als gesetzmässig in allen Stücken verfahren zu wollen. Doch war sein Widerspruch, da die anderen nachgaben, vergeblich. Bevor die Abstimmung stattfand, versuchte noch einmal Euryptolemos die Feldherrn zu retten, indem er zwei Gesetze in Vorschlag brachte, nach welchen sie gerichtet werden sollten, wobei er geschickt die Gelegenheit ergriff die Vorgänge unmittelbar nach der Seeschlacht den Anwesenden zu Gunsten der Feldherrn wieder in Erinnerung zu bringen und so den schlimmen Eindruck, den die ganze Verhandlung bis jetzt hervorgerufen hatte, zu verwischen. Er warnt die Athener vor übereilten Beschlüssen, denen hinterdrein die Reue nachfolgen würde, und betont nachdrücklich ein gesetzmässiges Verfahren, indem über jeden einzeln gerichtet werden müsste, und zwar so, dass in einer neuen Versammlung zuerst dar-

---

38) Dass auch dieser Mann von Theramenes (warum nicht von anderen, etwa von den Oligarchen?) angestiftet sei, will Herbst S. 49 Anm. 68 daraus schliessen, dass er ebensowenig wie jene Trauernden in der ersten Volksversammlung aufgetreten sei. Ich halte das für rein zufällig. Xenophons Worte (§ 11 παρῆλθε — φάσκων) schliessen eine solche Deutung aus; ich bin aber überzeugt, dass er, wenn dies die Meinung in Athen gewesen wäre, bei seiner Voreingenommenheit gegen Theramenes auch dies ihm zur Last gelegt haben würde. Auch kann ich mir die Athener trotz ihrer augenblicklichen erregten Stimmung nicht als so urtheilslos und leichtfertig vorstellen, dass sie dem ersten besten dazu gemietheten Schurken eine solche Aussage ohne weiteres geglaubt hätten. Da wird man doch gefragt haben: Auf welchem Schiffe warst du? Wer war dein Befehlshaber? Welches die näheren Umstände? u. s. w., abgesehen davon, dass ihn doch auch diese und jene Athener gekannt haben müssen. Jene Trauernden ferner sind zum Theil gewiss schon in der ersten Volksversammlung gewesen, nur nicht in solcher Menge, wie es die grade eingetretenen Apaturien und die schlimme, unerwartete Wendung der ersten Versammlung bewirkten.   39) Xen. Mem. I, 1, 18.

über abgestimmt würde, ob die Feldherrn überhaupt sich vergangen hätten, und wenn dies bejaht worden sei, dann erst die Anklage selbst und darauf die Vertheidigung stattfände. Wenn nicht mehr, so sei doch gewiss ein Tag für dies alles nicht zuviel verlangt. „Ihr wisst, Männer von Athen — sagt er § 20 — insgesammt, dass der Beschluss des Kannonos der strengste ist, der befiehlt, dass, wenn jemand unrecht gegen das athenische Volk handelt, er in Fesseln dem Volke vor Gericht Rede stehe und, wenn er des Unrechts überführt worden ist, er getödtet und in den Abgrund gestürzt, sein Vermögen aber eingezogen und der Zehnte Eigenthum der Göttin werde. Nach diesem Beschlusse will ich die Feldherrn gerichtet wissen und bei Gott, wenn es euch so scheint, meinen Verwandten Perikles zuerst. Denn schmachvoll wäre es für mich ihn höher zu achten als den ganzen Staat. Oder richtet sie, wenn ihr das lieber wollt, nach dem Gesetze, welches für Tempelräuber und Verräther besteht, dass, wenn jemand die Stadt verräth oder heilige Gegenstände entwendet, er von einem Gerichtshofe gerichtet und, falls er verurtheilt wird, nicht in Attika beerdigt, sein Vermögen aber eingezogen werden soll. Nach welchem von diesen beiden Gesetzen ihr wollt, Männer von Athen, sollen die Feldherrn, ein jeder einzeln für sich, gerichtet werden." Zum Schluss, nachdem er noch einmal die in Frage kommenden Ereignisse unmittelbar nach der Seeschlacht auseinander gesetzt hatte, stellte er den förmlichen Antrag, dass nach dem Beschlusse des Kannonos die Feldherrn, und zwar jeder einzeln, gerichtet werden sollten. Es standen sich also zwei Anträge gegenüber, der des Kallixenos und der des Euryptolemos. Ueber diese kam es zur Abstimmung. Schon schien es, als ob die Stimmen sich für letzteren entschieden, da bewirkte Menekles durch seine Einsprache einen Aufschub. Der Eindruck der letzten Rede verwischte sich, und als die Abstimmung wieder vor sich ging, wurde der Rathsbeschluss angenommen. Hierauf wurden die acht angeklagten Feldherrn zusammen zum Tode verurtheilt und dies Urtheil an den sechs anwesenden auch wirklich vollzogen.

Ich habe im Vorhergehenden den Verlauf des Feldherrnprozesses in der Hauptsache so wiedergegeben, wie er von Xenophon dargestellt worden ist. Ueber die Art und Weise, wie er vor sich ging, über das gewaltthätige, brutale Benehmen des attischen Volkes, das über die gesetzlichen Bestimmungen sich leichtfertig hinwegsetzend Männer, die soeben den Staat vom Untergange gerettet hatten, ohne förmliche Anklage und Vertheidigung hinopferte, hat es in alter und neuer Zeit nur eine Stimme der Verdammung gegeben[40]), und es kommt mir durchaus nicht in den Sinn dies Ver-

---

[40]) Vergl. Herbst, der S. 57 die einzelnen Punkte, in denen bei diesem Prozesse willkürlich und gesetzwidrig gehandelt wurde, zusammengestellt hat.

fahren beschönigen zu wollen. Wohl aber muss man sich hüten in dem Mitgefühle für das Schicksal der Feldherrn sie von aller Schuld freizusprechen und rein als die Opfer eines Justizmordes anzusehen. Ich habe oben zu zeigen versucht, wie ich glaube deutlich genug, dass wirklich eine Schuld ihrerseits vorlag, insofern sie saumselig und einen Augenblick ihrer Pflicht vergessend für die Verunglückten erst dann etwas zu thun sich anschickten, als es bereits zu spät war. Dass sie dies in ihrer Siegesfreude thaten, wird man gern entschuldigen, und ich am allerwenigsten möchte den Stein auf sie werfen und ihr Vergehen als ein todeswürdiges bezeichnen. Aber gefehlt ist von ihnen. Das wird uns sogleich deutlich werden, wenn wir bei einer 30 Jahre später gelieferten Seeschlacht einen Augenblick verweilen. Chabrias hat bei Naxos im J. 376 den lakedaimonischen Admiral Pollis besiegt und zwar wieder mit einer Bürgerflotte, die in der Noth des Augenblickes von den Athenern ausgerüstet war[41]). Hätte er jetzt die Feinde verfolgt, so wäre allem Anscheine nach aus der Niederlage die völlige Vernichtung der feindlichen Flotte hervorgegangen. Er aber widerstand der lockenden Versuchung: eingedenk, wie es einst den Feldherrn der Arginusenschlacht ergangen, gab er die Verfolgung auf und eilte nach der Wahlstatt zurück, indem er die Umherschwimmenden aufnahm und rettete und die Gefallenen bestattete[42]). — Es wäre ja auch ganz undenkbar, dass ein so hochgebildetes Volk, wie die Athener es waren, das sich jederzeit durch die Schärfe seines Geistes vor allen anderen auszeichnete, lediglich durch geheime Aufreizungen sich hätte hinreissen lassen völlig unschuldige Menschen, und noch dazu die grössten Wohlthäter des Staates, zu morden. Xenophon, auf den wir für die Einzelheiten des Prozesses ausschliesslich angewiesen sind, nimmt durchaus Partei für die Feldherrn; das audiatur et altera pars hat er ganz ausser Acht gelassen. Er bringt lediglich eine Vertheidigung der Feldherrn, und die eine Rede des Euryptolemos, die er wiedergiebt, ist ganz in demselben Sinne gehalten, d. h. ohne auch nur im geringsten auf die einzelnen Punkte der Anklage einzugehen. Wir würden ein ganz anderes und richtigeres Bild von dem Sachverhalte bekommen, wenn Xenophon, wie er bei der Verurtheilung des Theramenes im J. 404 dessen Vertheidigungsrede die anklagende des Kritias voraufschickt, so auch hier der Rede des Euryptolemos eine andere vom gegnerischen Standpunkte, etwa die des Theramenes in der ersten Volksversammlung, entgegengestellt hätte. So aber spricht er fast immer nur von der Summe der Ankage mit den nackten Worten „weil sie die Schiffbrüchigen nicht aufgenommen haben"[43]). Welches die einzelnen Punkte waren und was also

---

41) Xen. Hell. V, 4, 61 γνόντες δὲ οἱ Ἀθηναῖοι τὴν ἀνάγκην, ἐνέβησαν αὐτοὶ εἰς τὰς ναῦς.   42) Diod. XV, 35, 1.   43) Xen. I, 7, 4 διότι οὐκ ἀνείλοντο τοὺς ναυαγούς. Nur in der Vertheidigungsrede des

Therameues in seiner Anklagerede hauptsächlich betont haben muss, habe ich oben auseinandergesetzt. Man hat — Grote ausgenommen — diese Seite gar nicht beachtet, hat sich an Xenophon angeschlossen, ja ihn in manchen Punkten noch überboten, und daher kommt es denn, dass, wenn man eine Darstellung von diesem Standpunkte liest, man auf den ersten Blick verwundert fragt, wie es denn möglich war, dass die Athener das Verdammungsurtheil aussprechen konnten.

Ich sagte die Athener. Denn die Verurtheilung der Feldherrn ist nicht die That Einzelner, auch nicht durch Theramenes eingefädelt, sondern vielmehr die That des ganzen Volkes. Hauptsächlich aber kommen drei verschiedene Gruppen dabei in Betracht: die Trauernden, die Oligarchen und Theramenes an der Spitze seiner Partei. Die Trauernden in ihrem bei einer Volksversammlung sonst ungewöhnlichen Aufzuge von schwarzen Kleidern und geschorenen Köpfen haben von Schmerz und Leidenschaft fortgerissen in erster Linie das Verdammungsurtheil ausgesprochen, und grade sie sind auch für die Stimmen des grossen Haufens, der ja nur zu vorurtheilsvoll und für Eindrücke jeglicher Art so leicht empfänglich ist, von Entscheidung gewesen. Auch die vaterlandslosen Oligarchen, denen daran liegen musste den Demos seiner talentvollsten Führer und Feldherrn zu berauben, weil sie so eher auf eine Durchführung ihrer eigenen selbstsüchtigen Zwecke hoffen durften[44]), mögen im Geheimen nach Kräften gewühlt haben, um die Leidenschaften des Volkes noch mehr zu entflammen, obgleich ich ihrem Einflusse nicht die hohe Bedeutung beilege, die ihm von Neueren vielfach beigelegt worden ist. Aber dagegen muss ich mich erklären, dass eben dieselben Theramenes an die Spitze der oligarchischen Partei stellen, indem sie meinen, dass derselbe in seiner Gesinnungslosigkeit jetzt wieder einmal die Farbe gewechselt, weil er für seinen Ehrgeiz keine Befriedigung gefunden, sich zurückgestellt und unbeachtet gesehen hätte[45]). Wir wollen einmal den Fall setzen, dass Theramenes wirklich sich wieder zu den Oligarchen gewandt hätte, was wenigstens denkbar wäre: wie kommen dann, frage ich, diese dazu einem Manne gleich wieder solches Vertrauen zu schenken und ihn als ihr Haupt anzusehen, dessen Vergangenheit und politische Grundsätze doch jedem sattsam bekannt waren und der grade ihre Partei aus dem Sattel gehoben hatte? Nein, Theramenes ist politisch das Haupt einer ganz anderen Partei, der alten aristokratischen; aber beim Feldherrnprozesse ist diese Stellung von nebensächlicher Bedeutung. Hier ist Theramenes der Wortführer derer, gegen die sich zuerst

---

Theramenes lässt er einmal die Schuld mehr durchblicken, wenn er II. 3, 35 sagt: φάσκοντες γάρ (nämlich οἱ στρατηγοί) οἷοί τε εἶναι σῶσαι τοὺς ἄνδρας, προέμενοι αὐτοὺς ἀπολέσθαι ἀποπλέοντες ᾤχοντο.

44) Lys. XIII, 7.   45) So Curtius II, S. 651 nach dem Vorgange von Sievers, Herbst u. a.

der Zorn des Volkes gewandt hatte, also des Thrasybulos und aller derjenigen, denen die Feldherrn den Befehl zur Rettung der Schiffbrüchigen ertheilt hatten. Man mache sich doch nur einmal die Sachlage klar, die so einfach ist: das rachsüchtige Volk will ein Opfer haben in der Ueberzeugung, dass irgendwie gefehlt worden ist; dieses Opfer aber sind entweder die Feldherrn, weil sie ihre Pflicht nicht gethan, oder Theramenes, Thrasybulos und die anderen, weil sie den gegebenen Befehl nicht ausgeführt hatten. Eine dritte Möglichkeit giebt es nicht. Es handelt sich also von Anfang an um die Frage: Wer ist schuldig, diese oder jene? Somit stehen zwei Parteien einander gegenüber, die, wenn sie zusammengehalten hätten, dem Prozess eine ganz andere Wendung gegeben oder ihn vielmehr von vornherein unmöglich gemacht haben würden. So aber machen die Feldherrn durch unbesonnene Aeusserungen oder Nachrichten sich jene zu Feinden, die nun fest zusammenhalten und Theramenes kräftig unterstützen, und dies um so mehr, da sie selbst zum Theil, wie die Paraler, Unlust und Widerspänstigkeit dem Befehle entgegengesetzt hatten und sich daher nicht ganz frei von Schuld fühlen mochten. Also auch sie stimmten für die Schuld der Feldherrn. Die feindliche Stellung dieser beiden Parteien hat man ebenfalls unbeachtet gelassen, weil Xenophon sie kaum andeutet[46]) und die Erklärung der Feldherrn in der Versammlung, dass lediglich der Sturm die Ausführung des gegebenen Befehles verhindert habe, dem zu widersprechen scheint. Daraus folgt aber nicht, dass die Feldherrn auch vorher sich stets in demselben Sinne äusserten. Nur so findet auch die Handlungsweise des Theramenes ihre einfachste Erklärung, während sie uns im anderen Falle gradezu unbegreiflich erscheint. Und damit kommen wir auf den Punkt, der für uns der wichtigste ist, nämlich die Frage, inwieweit Theramenes bei dem ganzen Prozesse betheiligt war, und im Anschlusse daran, wie seine Handlungsweise zu beurtheilen ist.

Gewöhnlich erblickt man in Theramenes das eigentliche Triebrad in den einzelnen Phasen des Prozesses und legt ihm deshalb nicht nur die Anklage zur Last, sondern macht ihn auch verantwortlich für das Heranholen und Aufwiegeln der Trauernden, den Antrag des Kallixenos und das Auftreten desjenigen, der da behauptete auf einem Mehlfasse sich gerettet zu haben, abgesehen davon, dass auch der schliessliche ungünstige Verlauf der ersten Volksversammlung und der dadurch bewirkte Aufschub sowie ein zweiter Aufschub, den Menekles in der letzten Volksversammlung hervorrief, ihm und seiner Partei äusserst gelegen gekommen und von ihm zur Aufreizung und Umstimmung der Gemüther benutzt sein soll. Letzteres wird zwar der klägerischen Partei im allgemeinen in die Schuhe geschoben; da aber Theramenes ihr Wortführer sein soll, so müsste

---

46) Vergl. S. 274, Anm. 33.

er, genau genommen, doch auch dafür schliesslich aufkommen. So ungefähr Herbst. Wahrlich, verhielte sich das alles wirklich so, so wäre Theramenes ein wahres Scheusal von Menschen zu nennen und wir gäben Herbst Recht, wenn er S. 58 behauptet, „dass Ehrgeiz und Selbstsucht zu diesen Zeiten und vor allen in diesem Manne gewaltiger und gebieterischer gewesen als jede Regung für Recht, Freunde oder Vaterland".

Doch ich sage: nein. Theramenes hat allerdings — wie er dazu kam, haben wir oben gesehen — vor allen anderen die Anklage gegen die Feldherrn hervorgerufen und hierdurch mit ihr Schicksal herbeigeführt; aber seinen geheimen Machinationen hauptsächlich den schliesslichen Ausgang des Prozesses zuzuschreiben ist eine Annahme, die bei genauerer Betrachtung völlig unhaltbar erscheint. Dagegen spricht dreierlei.

Erstens ist es doch eigenthümlich, dass Theramenes nur in der ersten Volksversammlung das Wort zur Anklage ergreift, während er in der zweiten, viel wichtigeren nirgends thätig ist. In der ersten musste er sprechen, um sich ebenso, wie er es schon vor dem Rathe gethan, von der ihm und seinen Genossen zugeschobenen Schuld zu reinigen. Diese Vertheidigung aber war nicht anders möglich, als dass er zugleich die Feldherrn wegen versäumter Pflichterfüllung angriff. Als ihm dies gelungen war, hatte er keine weitere Veranlassung zu erneutem feindseligem Auftreten gegen dieselben, wenigstens nicht als geheimer Aufwiegler; dass er bei seiner feindlichen Gesinnung gegen die Feldherrn verharrte, versteht sich von selbst, und so sprach er auch bei der Abstimmung zweifelsohne das Schuldig über sie aus.

Zweitens spricht für Theramenes in diesem Falle das vollständige Schweigen des Lysias. Während dieser die Handlungsweise des Theramenes im J. 411 und 404 in den Reden gegen Eratosthenes und Agoratos mit den schärfsten Ausdrücken verdammt, übergeht er den Feldherrnprozess mit vollständigem Stillschweigen. Das ist kein Zufall. Bei seiner feindseligen Gesinnung, die er überall gegen Theramenes zur Schau trägt, würde er, wenn derselbe wirklich sich in diesem Falle so nichtswürdig bewiesen hätte, sich mit Vergnügen dieses Stoffes bemächtigt haben, der wie kein zweiter geeignet war das Andenken des Theramenes auch nach seinem Tode noch zu schädigen. Man sage nicht etwa, dass es Lysias nicht gethan habe, weil er sich scheute diesen Schandfleck den Athenern ins Gedächtniss zurückzurufen; denn in der Rede gegen Eratosthenes hat er ihn wirklich mit deutlichen Worten berührt[47]). Folglich

---

47) § 36 οὐκ οὖν δεινόν, εἰ τοὺς μὲν στρατηγούς, οἳ ἐνίκων ναυμαχοῦντες, ὅτε διὰ χειμῶνα οὐχ οἷοί τ' ἔφασαν εἶναι τοὺς ἐκ τῆς θαλάττης ἀνελέσθαι, θανάτῳ ἐζημιώσατε, ἡγούμενοι χρῆναι τῇ τῶν τεθνεώτων ἀρετῇ παρ' ἐκείνων δίκην λαβεῖν, τούτους δὲ κτλ. Die Rede gegen Agoratos

muss nach Lysias Meinung die Handlungsweise des Theramenes hierbei derartig gewesen sein, dass er nichts Schlimmeres darin fand als in der der übrigen Athener, die für die Verurtheilung gestimmt hatten.

Drittens spricht für Theramenes die Thatsache, dass man ihn im folgenden Jahre zum Feldherrn wählte. Die Feldherrnwahl fand in der Volksversammlung statt. Das Volk im grossen und ganzen also sprach sich für Theramenes aus; doch wussten seine Feinde, deren er bei seiner eigenthümlichen Parteistellung sowohl bei den radikalen Oligarchen wie Demokraten hatte, es durchzusetzen, dass er bei der Prüfung, der sogenannten Dokimasie, durchfiel[48]). Seit dem Jahre 408 hatte man ihn nicht wieder zum Feldherrn gewählt; jetzt hatte man ihn wenigstens dazu ausersehen; das setzt also eher ein Steigen als ein Fallen seines Ansehens voraus. Herbst meint freilich (S. 62), dass seine mächtige Partei (d. h. die oligarchische) ihn gehalten und vor der Rache des Demos geschützt habe. Aber war denn diese Partei die des Theramenes? War sie damals so stark? Im Rathe mochte sie allerdings ziemlich zahlreich vertreten sein[49]), wie das die nächstfolgenden Ereignisse nach der Schlacht von Aigospotamoi zeigen; sie wird also im Gegentheil, da ja die Dokimasie vor dem Rathe stattfand, die Wahl des Theramenes hintertrieben haben. Im übrigen aber war zu dieser Zeit, wo die volle Demokratie wieder einmal oben auf war, ihre Macht geringer denn je. Grade jetzt richtete der Demos seine Angriffe nicht nur gegen seine Verführer, sondern auch gegen die Oligarchen, gegen die einstigen Mitglieder der Vierhundert, so dass sich Aristophanes für berufen erachtete zu allseitiger Eintracht und gegenseitigem Wohlwollen mit warmen Worten zu mahnen[50]). Die oligarchische Partei also, wäre sie wirklich die des Theramenes gewesen, hätte ihn am allerwenigsten halten können. Ich meine aber, wäre Theramenes wirklich der nichtswürdige Intrigant und Aufwiegler gewesen, so hätte ihn keine noch so starke Partei vor der allgemeinen Verachtung und Verfolgung retten können. Das zeigt das Schicksal des Kallixenos. Denn als das Volk gar bald seine That bereute, da wandte es seinen Zorn gegen diejenigen, die es betrogen hatten, vor allen gegen Kallixenos nebst vier anderen. Man warf sie ins Gefängniss. Es gelang ihnen zwar späterhin zur Zeit des beginnenden Parteikampfes zwischen Oligarchen und Demokraten, als Kleophon angeklagt und verurtheilt wurde, aus dem Kerker zu entwischen und

---

kommt für unsere Frage weniger in Betracht, da Lysias hier § 9 ff. nur das Schicksal Athens nach der Schlacht bei Aigospotamoi schildert.

48) Lys. XIII, 10. 49) Ebend. § 20 ἡ δὲ βουλὴ ἡ πρὸ τῶν τριάκοντα βουλεύουσα διέφθαρτο καὶ ὀλιγαρχίας ἐπεθύμει. Das mag von Lysias etwas übertrieben sein; jedenfalls aber ist es klar, dass die Volkspartei im Rathe in der Minderheit war, weshalb auch Kleophon auf ihn schimpfte; vergl. Lys. XXX, 10. 50) Frösche 687—691.

nach Dekeleia zu entkommen; doch als in Folge der allgemeinen Amnestie im J. 403 auch Kallixenos nach Athen zurückkehrte, wurde er in dem Masse von allseitigem Hasse verfolgt, dass er schliesslich vereinsamt und verarmt verhungerte[51]). Theramenes hingegen bewahrte unangefochten seine alte angesehene Stellung unter den Athenern; er wurde, wie Lysias sagt[52]), geehrt und des Höchsten für würdig erachtet; und wenn Lysias das von ihm sagt, dann muss es wohl wahr sein.

Was schliesslich die Beurtheilung seines Auftretens im Feldherrnprozesse anlangt, so wird jeder sagen, dass es nach unseren Begriffen durchaus nicht schön und edel erscheint. Wir hätten die Feldherrn lieber gerettet gesehen und deshalb gewünscht, dass Theramenes seine Vertheidigung womöglich ohne Anklage und Verfolgung der Feldherren geführt hätte. Eine genauere Kritik aber wird dadurch unmöglich, dass wir nicht wissen, in welch höherem oder geringerem Grade die Feldherrn ihn anfangs angegriffen oder sonstwie feindselig sich gegen ihn bewiesen hatten. Wir wissen nur, dass Theramenes zuerst angegriffen wurde. Dem gegenüber handelte er nach dem alten, auch von den Besten seiner Zeit getheilten Grundsatze: Auge um Auge, Zahn um Zahn. Uns will das wenig gefallen, den Griechen war es natürlich und selbstverständlich.

V. Theramenes' Antheil an den Ereignissen des J. 404.

Wir überspringen wieder einen Zeitraum von ungefähr einem Jahre. Die Schlacht bei Aigospotamoi war geschlagen, die Athener hatten ihre letzte Flotte verloren, die Bundesgenossen ausser Samos waren jetzt alle auf Seiten der Lakedaimonier, und damit war der Augenblick gekommen, den Athens Feinde so sehnsüchtig erwartet hatten, der Augenblick, wo sie Rache nehmen wollten an dem verhassten Gegner für alles, was er ihnen gethan hatte. Wie die schreckensvolle Nachricht zuerst im Peiraieus anlangte und von da durch die langen Mauern hindurch sich schnell nach Athen verpflanzte, vermochte keiner in der folgenden Nacht die Augen zu schliessen aus Kummer über den Verlust irgend eines Familiengliedes und noch mehr aus Furcht, dass nun über Athen selbst alles das kommen würde, was es früher den Bewohnern von Histiaia,

---

51) Xen. Hell. I, 7, 35; Diod. XIII, 103, 2; Suid. s. ἐναύειν.
52) Lys. XII, 68 τιμώμενος δὲ καὶ τῶν μεγίστων ἀξιούμενος, αὐτὸς ἐπαγγειλάμενος σώσειν τὴν πόλιν αὐτὸς ἀπώλεσε. Das Gesagte bezieht sich auf die Zeit zu Ende des J. 405, wo Theramenes sich erbot Friedensunterhändler zu sein, während der Feldherrnprozess zu Ende des Jahres 406 stattfand. Ein so kurzer Zeitraum aber von nur einem Jahre kann keine erhebliche Veränderung in dem Verhältnisse zwischen Theramenes und den Athenern hervorgerufen haben.

Skione, Torone, Aigina und anderen Griechen zugefügt hatte, die von Haus und Hof fortgetrieben, als Sklaven verkauft oder niedergemetzelt waren, und zwar aus keinem anderen Grunde, als weil sie auf Seiten der Lakedaimonier standen[1]). Am anderen Tage ermannte man sich wenigstens soweit, dass der Beschluss gefasst wurde alle Häfen ausser einem zu sperren, die Mauern in Stand zu setzen und Posten darauf auszustellen, kurz alle möglichen Vorkehrungen für die herannahende Einschliessung der Stadt zu treffen. Diese liess auch nicht lange auf sich warten[2]). Denn Lysandros — der nach der Schlacht den Hellespont mit 200 Segeln verlassen und sich gegen Lesbos gewandt hatte, um die Verhältnisse der Insel neu zu ordnen, d. h. überall eine oligarchische Regierung einzusetzen, während Eteonikos ein Gleiches an der thrakischen Küste besorgte — liess dem Könige Agis in Dekeleia und seiner Vaterstadt selbst die Botschaft zukommen, dass er mit seiner Flotte im Anzuge gegen Athen sei. Nun rückte ein starkes peloponnesisches Heer unter Pausanias, dem anderen Könige der Spartaner, gegen Athen und schlug sein Lager im Nordwesten der Stadt in der Akademie auf; von Nordost aber zog Agis aus Dekeleia heran, und im Süden schnitt Lysandros selbst mit 150 Fahrzeugen Athen die Verbindung mit dem Meere ab[3]). Die Lage der Stadt war eine verzweifelte: ohne Schiffe, ohne Bundesgenossen, ohne Lebensmittel — Athen konnte ja seinen Bedarf nur durch überseeisches Getreide decken, und das war seit der letzten Niederlage gewiss nur noch spärlich angelangt — stand es rathlos da, und guter Rath war theuer. Das Schlimmste aber war, dass diesen von allen Seiten herandringenden Feinden gegenüber in Athen selbst keine rechte Einigkeit herrschte. Da standen auf der einen Seite die Demokraten, immer noch entschlossen das sinkende Staatsschiff in der alten Weise weiter zu lenken, wiewohl ihr Einfluss seit der letzten Niederlage von Tage zu Tage schwächer wurde. Ihnen gegenüber die rührige Partei der Oligarchen, anfangs schüchtern, dann immer kecker und siegesgewisser auftretend und täglich mehr an Boden gewinnend. Und zwischen beiden endlich die grosse Partei derer, die einer bestimmten Parteirichtung nicht angehörten, Männer, denen das Unglück des Vaterlandes zu Herzen ging, die aber rathlos und von dem furchtbaren Schlage noch ganz betäubt nicht ein noch aus wussten. Doch zuvörderst trat der Riss weniger hervor; man that sogar einen Schritt auf der Bahn der Eintracht; denn jetzt endlich geschah, wozu Aristophanes vor einem Jahre vergeblich mit warmen Worten gemahnt hatte[4]), dass nämlich auf Patrokleides Antrag die Ehrlosen, die sogenannten Atimen, wieder in ihre Rechte eingesetzt und damit ihnen

---

1) Xen. Hell. II, 2, 3 u. 10.   2) Lys. XIII, 5 οὐ πολλῷ χρόνῳ ὕστερον.   3) Xen. Hell. II, 2, 4—9; Diod. XIII, 107, 1—2; Plut. Lys. 14.
4) Frösche 692.

der frühere Einfluss auf die Staatsangelegenheiten zurückgegeben wurde [5]). Man glaubte in diesen Zeiten der Noth wie einst kurz vor der Schlacht bei Salamis keines Bürgers entrathen zu können [6]); nur die Verbannten wurden von dieser Massregel nicht betroffen. Und doch war dieser Schritt, genau genommen, schon ein Sieg der Oligarchen; denn zu jenen Rehabilitirten gehörten neben Staatsschuldnern, Rechenschaftspflichtigen u. a. auch viele, die einstmals Mitglieder der Vierhundert gewesen waren und jetzt wieder die Reihen der Oligarchen verstärkten. Aber vorläufig ertrug man einträchtig die Leiden der Belagerung und hielt die Stadt gegen den dreifachen Feind, so dass Lysandros unverrichteter Sache mit einem Theile der Flotte nach der Küste von Kleinasien abzog, vermuthlich um die Belagerung von Samos in Angriff zu nehmen, das allein noch treu zu Athen hielt [7]). Bald jedoch machte sich der Hunger in der übervölkerten Stadt fühlbar [8]): Lysandros hatte ja grade, um das desto eher zu erreichen und so Athen mürbe zu machen, allen Athenern, die in seine Hände fielen, bei Androhung der Todesstrafe befohlen in ihre Heimath zurückzukehren [9]). So musste man sich wohl oder übel bequemen mit dem Feinde Unterhandlungen anzuknüpfen. Man schickte Gesandte an Agis mit der Erklärung, die Athener seien bereit einen Vertrag abzuschliessen, worin sie sich verpflichteten Bundesgenossen der Lakedaimonier zu sein, wenn man ihnen die langen Mauern und den Peiraieus liesse. Agis erklärte keine Vollmacht zu besitzen und wies sie nach Lakedaimon. Auf dem Wege dorthin wurden sie aber bereits an der Grenze von Lakonien in Sellasia aufgehalten und von den Ephoren dahin beschieden, dass, wenn die Athener Frieden haben wollten, sie sich erst zu anderen Bedingungen bequemen müssten. Man wolle sie im Besitze der Inseln Lemnos, Imbros, Skyros und ihrer Verfassung belassen; doch sei es unumgänglich nothwendig, dass die langen Mauern auf eine Strecke von zehn Stadien niedergerissen würden.

---

5) Xen. II, 2, 11; Lys. XXV, 27; Andoc. de myst. S. 36 (ed. Reiske). 6) Andoc. a. a. O. ἅπερ ὅτε ἦν τὰ Μηδικά; Plut. Them. 11 u. Arist. 8. 7) So sind wohl die ungenauen Berichte bei Xen. II, 2, 11, Plut. Lys. 14 u. Diod. XIII, 107, 3 zu vereinen. Wenn letzterer sagt, dass die Lakodaimonier wegen der Schwierigkeit der Belagerung ihre Streitkräfte (d. h. zu Lande) aus Attika zurückzogen und nur mit der Flotte die Absperrung von der Seeseite fortsetzten, so erscheint das nicht recht glaubhaft. Agis wenigstens zog nach Xen. II, 3, 3 erst nach Einsetzung der Dreissig ab; möglich jedoch, dass Pausanias schon früher mit seinem Heere Athen verliess, etwa zu der Zeit, wo Athen capitulirte; augenblicklich aber noch nicht. Ebenso wenig kann die Nachricht des Plutarchos richtig sein, dass Lysandros mit der ganzen Flotte fortsegelte (λαβὼν τὰς ναῦς). 8) Wenn Xen. II, 2, 11 erzählt, dass schon jetzt viele vor Hunger starben, so ist das stark übertrieben; man begreift wenigstens nicht, wie in diesem Falle sich die Stadt noch ungefähr vier Monate — denn so lange dauerte es noch bis zur Capitulation — halten konnte. 9) Xen. II, 2, 2 u. Plut. Lys. 11.

Als die Gesandten diesen Bescheid nach Athen zurückbrachten, befiel alle Muthlosigkeit im Hinblick auf das schliessliche Schicksal Athens gegenüber rachsüchtigen Feinden, eine Muthlosigkeit, die dadurch noch grösser wurde, dass jetzt schon allenthalben Mangel an Lebensmitteln sich zeigte. Bis man wieder Gesandte abschicken und dann nach langen Verhandlungen endlich Frieden schliessen und so der Entbehrungen der Belagerung enthoben werden könne, meinte man, würden viele vor Hunger umkommen. Andererseits aber erhob sich bei vielen ein Sturm des Unwillens ob des Verlangens der Feinde, dass die langen Mauern theilweise geschleift werden müssten. Die radikalen Demokraten, an ihrer Spitze Kleophon, tobten und gestatteten keiner ruhigen Erwägung der Sachlage Raum; ja, als Archestratos es wagte den Antrag auf Annahme der von den Lakedaimoniern gestellten Bedingungen einzubringen, wurde er ins Gefängniss geworfen. Noch einmal gelang es Kleophon durch sein brutales Benehmen die Versammlung zu beherrschen und das Feld zu behaupten: er schrie, dass er jedem mit dem Schwerte den Kopf abschlagen würde, der überhaupt jetzt vom Frieden spräche, und setzte so den Beschluss durch, dass eine Berathung über diesen Punkt, d. h. über einen Friedensschluss unter Preisgebung der langen Mauern, für die Zukunft verboten wurde[10]).

So hatte es Kleophon durch sein unsinniges Gebahren wirklich dahin gebracht, dass der einzige vernünftige Vorschlag, der unter den gegebenen Umständen der Stadt zum Heile dienen konnte, kurzweg von der Hand gewiesen wurde. Athen hätte seine Selbständigkeit und einige kleinere Inseln behalten können und war in diesem Falle mit einem Schlage von den Leiden der Einschliessung erlöst. Den Demokraten aber erschien das Preisgeben der langen Mauern, d. h. der ungehinderten Verbindung Athens mit dem Meere, worauf hauptsächlich seine Bedeutung beruhte, unerträglich. Wir finden das natürlich; aber unbegreiflich erscheint es, dass diese Partei noch immer nicht einsehen wollte, dass Athen vollständig in die Hände seiner Feinde gegeben war und von ihrer Gnade abhing. Was hoffte denn Kleophon durch standhaftes Ausharren mehr zu erreichen, jetzt, wo Athen über keine Flotte mehr zu verfügen hatte? Sprach nicht alles vielmehr dafür, dass man durch den nutzlosen Widerstand die Feinde nur noch mehr erbitterte und am Ende einen Frieden, zu dem man ja doch früher oder später gezwungen wurde, unter viel härteren Bedingungen erhielt? Führte nicht eine solche Politik endlich den vollständigen Ruin Athens herbei?[11]) Solche Erwägungen mussten sich bei einer nüchternen Betrachtung der Dinge jedem von

---

10) Xen. II, 2, 11—15; Lys. XIII, 8; Aesch. II, 76.   11) Vergl. Aesch. III, 150 ἀπομιμούμενος τὴν Κλεοφῶντος πολιτείαν, ὃς ἐπὶ τοῦ πρὸς Λακεδαιμονίους πολέμου, ὡς λέγεται, τὴν πόλιν ἀπώλεσεν.

selbst aufdrängen und schliesslich Kleophon, als dem Urheber des
thörichten Beschlusses, zum Verderben gereichen.

Nachdem der Beschluss gefasst und alles rathlos war, was denn
nun weiter geschehen sollte, trat Theramenes auf. Bis dahin hatte
er sich, geachtet von einem grossen Theile der Bürgerschaft, mehr
zurückgehalten, weil sein Einfluss doch nicht so weit reichte, dass
er der radikalen demokratischen Partei mit Erfolg hätte die Spitze
bieten können. Er wollte seine Vaterstadt vor dem Aeussersten,
vor einer Uebergabe auf Gnade und Ungnade, womöglich bewahren,
in der Ueberzeugung, dass, so lange in Athen noch etwas Wider-
standskraft steckte, günstigere Bedingungen zu erreichen seien. Um
nun den eben gefassten Beschluss zu umgehen, der jede weitere
Verhandlung mit den Lakedaimoniern unmöglich machte, schlug er
vor, dass man ihn an Lysandros, den augenblicklich einflussreichsten
Mann, schicken solle, damit er von diesem erführe, was denn eigentlich seine und seiner Landsleute Absicht über das schliessliche
Schicksal Athens wäre: ob der Antrag auf Niederreissung eines
Theiles der langen Mauern gestellt sei, um Athen vollständig zu
knechten, oder nur, um damit ein sicheres Pfand für einen wirklichen Frieden in Händen zu haben. Um jedoch die Versammlung
zu einem solchen Vorschlage geneigt zu machen, malte er die Zukunft mit lichteren Farben und erfüllte die bedrückten Gemüther
mit etwas Hoffnung: er werde es schon machen, so redete er ihnen
ein, dass fernerhin nicht mehr von einer Niederreissung der Mauern
die Rede wäre, dass sie einen Frieden ohne Stellung von Geisseln
und Auslieferung der Schiffe bekämen, und was der schönen Worte
mehr waren. Dabei gab er geheimnissvoll zu verstehen, dass er
Mittel und Wege wisse, wie das zu erreichen sei; doch wolle er
nicht weiter davon sprechen; man solle ihm nur vertrauen. Dass
Theramenes selbst an alle diese Versprechungen ernstlich glaubte,
ist kaum anzunehmen; dazu war er ein viel zu klarer Kopf: doch
verband er damit auch keine böse Absicht. Wie der Ertrinkende
nach einem Strohhalm greift, so zeigten diese Trostesworte manchem
verzweifelnden Athener doch wenigstens einen Schimmer von Hoffnung, dem er begierig sich zuwandte; und damit hatte Theramenes
seinen Zweck erreicht, dass nämlich wieder der Weg der Verhandlungen betreten wurde, der allein eine Erlösung von den Leiden
bringen konnte. Nebenbei hoffte er auch wohl in seiner wichtigen
Stellung als Gesandter ein entscheidendes Wort bei etwaigen Verhandlungen über die zukünftige Verfassung von Athen mitsprechen
zu können und namentlich Lysandros für seine Ansichten zu gewinnen. Schon einmal war er der Retter Athens geworden, als hoch
die Wogen der Parteien gingen; jetzt war es ihm vielleicht zum
zweiten Male beschieden, Athen vom Rande des Verderbens zu
reissen und festen, geordneten Zuständen entgegenzuführen. Sein
Antrag ging durch, wenngleich nicht ohne Widerspruch von Seiten

der demokratischen Partei, und er reiste nach Samos, wo, wie vorher erwähnt ist, augenblicklich Lysandros sich befand[12]).

Während Theramenes' Abwesenheit trat ein Umschwung in Athen ein, der den Tod Kleophons zur Folge hatte. Er vor allen stand als Wortführer des Demos den Oligarchen im Wege[13]), deren Pläne dahin gingen, die Demokratie zu stürzen und selbst die Zügel der Regierung in die Hand zu nehmen. Die Verhältnisse lagen dazu günstig genug. Denn seit der letzten Niederlage hatte die demokratische Partei täglich mehr an Boden verloren, und vollends seit dem jüngsten gewaltthätigen Auftreten Kleophons war ihre Macht nahezu gebrochen. Der Rath war in seiner Mehrheit schon jetzt den oligarchischen Plänen nicht abhold, weshalb Kleophon auf ihn schimpfte[14]), und die grosse Masse der Bürger, die den Frieden sehnsüchtig herbeiwünschte, kam immer mehr zu der Einsicht, dass eine Politik wie die von Kleophon befürwortete unter den augenblicklichen Verhältnissen ein Unding sei. War er aber fort, so war das grösste Hinderniss für einen Friedensabschluss beseitigt. So fiel es nicht schwer Kleophon zu stürzen. Unter der Beschuldigung, dass er, statt seiner Waffenpflicht zu genügen, ruhig zu Hause geblieben sei und der Ruhe gepflegt habe[15]), wurde gegen ihn in tumultuarischer Weise das gerichtliche Verfahren eingeleitet und die Todesstrafe über ihn verhängt, nachdem man, um dieselbe desto sicherer zu erreichen, auch dem Rathe Sitz und Stimme im Gerichtshofe verschafft hatte.

So fand Theramenes, als er nach längerer Zeit[16]) von Samos nach Athen zurückkehrte, die Verhältnisse schon wesentlich ver-

---

12) Xen. II, 2, 16; Lys. XII, 68—69; XIII, 9—10.   13) Lys. XXX, 12.
14) Ebend. § 10.   15) Lys. XIII, 12. Die einzelnen Vorgänge liegen nicht klar zu Tage. Aus Lys. XXX, 11—14 wissen wir, dass von Seiten der Oligarchen der mit der Revision der Gesetze betraute Nikomachos gewonnen wurde, welcher am Tage der gerichtlichen Verhandlung ein Gesetz vorzeigte, nach welchem auch der Rath mitzustimmen hätte. Nach Xen. I, 7, 35 scheint es ferner zu einem Auflaufe gekommen zu sein, bei dem es Kallixenos und den anderen in Folge ihres Verhaltens beim Feldherrnprozesse Angeklagten gelang aus dem Gefängnisse zu entwischen, höchst wahrscheinlich mit Hülfe der Oligarchen.   16) Wenn Xen. II, 2, 16 angiebt, Theramenes habe sich absichtlich drei Monate und länger bei Lysandros aufgehalten, um den Zeitpunkt abzupassen, wo Athen durch Mangel an Lebensmitteln gezwungen sein würde auf jede Bedingung einzugehen, so nehme ich keinen Anstand das als unwahr zu bezeichnen. Ich schliesse das einmal aus dem vollständigen Schweigen des Lysias hierüber, der XIII, 11 nur die folgende Gesandtschaft nach Lakedaimon erwähnt mit der Bemerkung, dass hier Theramenes lange Zeit geblieben sei, um — das stimmt wieder mit Xenophon — Athen durch Hunger gefügig zu machen. Auch in der 12. Rede des Lysias gegen Eratosthenes findet sich nichts darüber, während er doch sonst hier in seiner Feindschaft gegen Theramenes alles hervorsucht, was er irgendwie gegen ihn verwerthen kann. Ferner sehe ich nicht ein, wie die Athener, wenn einmal Theramenes sich so nichtswürdig benommen hätte, dazu gekommen sein sollten ihn sofort zum zweiten

ändert vor. Er erklärte vor der Versammlung, dass er von Lysandros so lange aufgehalten sei und dieser ihn schliesslich nach Lakedaimon verwiesen habe; denn nicht er, Lysandros, habe die Befugniss ihm auf seine Fragen eine bestimmte Antwort zu geben, sondern allein die Ephoren. Hierauf wurde Theramenes nebst neun anderen nach Lakedaimon gesandt und ihnen Vollmacht zum Abschlusse des Friedens gegeben. Unterdessen hatte auch Lysandros einen athenischen Verbannten, der sich bei ihm befand, mit Namen Aristoteles, nach Sparta geschickt, um die Ephoren von dem Bescheide, den er Theramenes ertheilt hatte, in Kenntniss zu setzen. Diese erwarteten die athenischen Gesandten wieder an der Landesgrenze in Sellasia und richteten bei ihrer Ankunft die Frage an sie, mit welcher Vollmacht sie kämen. Und als jene erklärten, dass ihnen unbedingte Vollmacht zum Friedensabschlusse gegeben sei, wurden sie von den Ephoren nach Sparta beschieden. Hier fand jetzt die Versammlung statt, in welcher über das Schicksal Athens entschieden wurde. Wenn aber Theramenes etwa gehofft hatte durch die Macht seiner Rede oder durch geschickte Unterhandlungen irgend einen Vortheil für Athen zu erlangen, wie er bei seinem Fortgange dies in Aussicht stellte, so sollte er sich darin gründlich verrechnet haben. Er fand die Stimmung gegen Athen so erbittert, dass nicht das Geringste zu erreichen war. Nicht nur die Korinthier und Thebaner, die schlimmsten Feinde der Athener, sondern auch viele andere von den Verbündeten der Lakedaimonier verlangten, man solle keinen Frieden mit Athen schliessen, sondern es erbarmungslos zerstören und seine Bewohner als Sklaven verkaufen. Dem widersetzten sich nur die Phoker[17]) und die Lakedaimonier selbst, letztere wohl nicht

Male wieder als Vertrauensmann an der Spitze einer Gesandtschaft nach Lakedaimon zu schicken. Im Gegentheil, das Volk, das bis in den vierten Monat auf ihn gewartet und währenddem die entsetzlichsten Hungerqualen erduldet — denn nach Xen. II, 2, 11 war schon vor Theramenes Weggange das Getreide ausgegangen, so dass viele durch Hunger um kamen — hätte ihn sicherlich in Stücke zerrissen. Aber das ist mehr als wahrscheinlich, dass ihn Lysandros längere Zeit hingehalten hat; wenigstens wäre dies ein ganz passendes Seitenstück zu der oben erwähnten Massregel, dass derselbe, um Athen möglichst bald durch Hunger zu bezwingen, alle Athener, die in seine Hände fielen, nach ihrer Vaterstadt zurückzukehren zwang. Der Irrthum Xenophons ist leicht zu berichtigen: die Zeitangabe, die so bestimmt ausgesprochen auch beizubehalten ist, bezieht sich nicht auf die erste Gesandtschaft des Theramenes allein, sondern auf beide zusammen, die ja im Grunde auch nur eine ausmachen. Ebenso passt die Angabe des Lysias „er blieb dort lange Zeit" nicht auf Theramenes' Aufenthalt in Lakedaimon allein, sondern ebenfalls auf beide Gesandtschaften. Es ist begreiflich, dass das darbende Volk in Athen, in seiner Sehnsucht von den Leiden der Belagerung erlöst zu werden, Tag und Stunden zählte von der ersten Abreise des Theramenes bis zum endlichen Friedensschlusse. Diese Zahl behielt jeder nur zu gut im Gedächtnisse, und das waren „drei Monate und länger".

17) Demosth. XIX, 65; Plut. Lys. 15.

aus Mitleid mit Athen und in Anerkennung seiner Verdienste in den Perserkriegen, sondern in der richtigen Erkenntniss, dass mit der gänzlichen Vernichtung Athens die Thebaner freie Hand ausserhalb des Peloponnes gewonnen haben würden, was natürlich Spartas Eifersucht gegen andere nicht zulassen durfte[18]). So blieb Athen erhalten. Aber auch so waren die Bedingungen im Vergleich zu den früheren, die Kleophon abgewiesen hatte, für Athen ungünstig genug. Es blieb auf Attika beschränkt, musste sich verpflichten die langen Mauern sowohl wie die des Peiraieus niederzureissen, die Verbannten wiederaufzunehmen, alle Schiffe bis auf zwölf auszuliefern[19]) und geloben den Lakedaimoniern zu Wasser wie zu Lande Heeresfolge zu leisten[20]). Theramenes aber hatte nichts erreicht, als das zweifelhafte Verdienst, das er für sich in Anspruch nahm[21]), dass durch seine Vermittlung die Rückkehr der Verbannten nach Athen erfolgt sei.

Mit diesem auf einer Skytale verzeichneten Friedensvertrage kehrten die Gesandten nach Athen zurück, empfangen und umringt von einer erwartungsvollen Menge, die schon fürchtete, dass sie unverrichteter Sache zurückkehren möchten. Zwar erhoben Strombichides, Dionysodoros und andere Wortführer der demokratischen Partei[22]) auch jetzt wieder lauten Widerspruch gegen solche Bedingungen: aber andererseits war die Noth so gross und der Sterbenden so viele geworden, dass nun jede andere Rücksicht schweigen musste vor dem Rufe: Gebt uns Brod! Gleich am folgenden Tage fand die entscheidende Volksversammlung statt, in welcher Theramenes die Sachlage auseinandersetzte und zeigte, dass man den Lakedaimoniern sich fügen und die Mauern preisgeben müsste. Unter anderem auch von einem jungen Demagogen Namens Kleomenes gefragt, ob er es denn wage die Mauern hinzugeben und so grade das Gegentheil von dem zu thun, was einst Themistokles gethan, der gegen den Willen der Lakedaimonier sie aufgerichtet habe, soll Theramenes ruhig erwidert haben: „Jüngling, ich thue durchaus nicht das Gegentheil von Themistokles; denn dieselben Mauern, die er zum Heile der Bürger aufrichtete, die wollen wir jetzt zum Heile der Bürger niederreissen. Machten Mauern das Glück der Städte aus, so müsste Sparta als unbefestigte Stadt von allen am schlimmsten dran sein"[23]). Doch solcher Widerspruch trat nur vereinzelt hervor: die Menge, nur von dem einen Gedanken beherrscht, um

---

18) Polyaen. I, 45, 5.   19) Diese Zahl wurde erst später nach Plut. Lys. 14, wo der Wortlaut des Vertrages angegeben ist, im lakedaimonischen Lager vor Athen bestimmt.   20) Xen. Hell. II, 2, 17—20. Lysias XII, 70 stellt natürlich die Sache so dar, als ob Theramenes nicht, durch die Macht der Verhältnisse gezwungen, in diese im Vergleich zu den früheren so wesentlich ungünstigeren Bedingungen einwilligte, sondern dieselben im Gegentheil den Lakedaimoniern selbst anbot.
21) Lys. XII, 77.   22) Lys. XIII, 13.   23) Plut. Lys. 14.

jeden Preis von den unerträglichen Leiden befreit zu werden, kümmerte sich wenig um die Bedeutung der Bedingungen, und so wurde der Friedensvertrag mit grosser Stimmenmehrheit angenommen. Hierauf eilte Lysandros von Samos herbei, die Verbannten kehrten nach Athen zurück, und unter Jubel und Flötenspiel wurde der Anfang mit dem Niederreissen der Mauern von den Spartanern und ihren Verbündeten gemacht, indem man glaubte, dass nun für Griechenland der Tag der Freiheit angebrochen sei [24]). Dies geschah am 16. des Monats Munychion, im Frühling des Jahres 404 [25]). Nachdem Lysandros einen bestimmten Termin festgesetzt hatte, bis zu welchem das Zerstörungswerk an den Mauern zum Abschluss gebracht sein und die vorhandenen Kriegsschiffe zur Uebergabe im Hafen bereit liegen sollten, kehrte er nach Samos zurück. Jedenfalls blieb ein Theil der lakedaimonischen Flotte zurück, um die Ausführung der Friedensbedingungen zu überwachen, wie ja auch Agis noch weiterhin Dekeleia besetzt hielt [26]).

Unter den aus der Verbannung nach Athen Zurückkehrenden befand sich auch Kritias, der Sohn des Kallaischros, der im J. 411 den Antrag auf Zurückrufung des Alkibiades, unterstützt von Theramenes, gemacht hatte und vielleicht eben deswegen späterhin mit in den Sturz des Alkibiades verwickelt und verbannt worden war [27]). Wenigstens finden wir ihn zur Zeit des Feldherrnprozesses in Thessalien, wo er an den dortigen Parteikämpfen thätigen Antheil nahm und den Hörigen, den sogenannten Penesten, gegen ihre Herren beistand [28]). Während er aber ehemals auf Seiten des Theramenes und der Gemässigten gestanden und in Thessalien für die Sache des Volkes gefochten hatte, schloss er sich jetzt, gegen die Demokraten wegen seiner Verbannung Rache schnaubend, den radikalen Oligarchen an. Und da er als der Sprössling einer der angesehensten

---

24) Xen. II, 2, 21—23. Grote IV, S. 487 bemerkt richtig, dass nur der Anfang des Niederreissens der Mauern wie eine Festlichkeit im Beisein der Spartaner und der Vertreter von sämmtlichen Bundesgenossen unter Flötenspiel gefeiert sein kann. Später war das nicht gut möglich, da die Spartaner sammt ihren Bundesgenossen nach der Uebergabe Athens heim zogen. Nur Agis blieb noch in Dekeleia. 25) Plut. Lys. 15. 26) Die Auslieferung der Schiffe erwähnt Xen. § 23 nicht, und das mit Recht. Lysandros mochte wohl vereinzelte Kriegsschiffe im Hafen vorfinden, aber die meisten noch vorhandenen waren gewiss nach allen Richtungen hin zerstreut. Kauffahrteischiffe wurden natürlich als Privateigenthum nicht von der Beschlagnahme betroffen; sie waren überdies zur Herbeischaffung der nöthigen Lebensmittel für das gänzlich mittellose Athen für die nächste Zeit so wie so unentbehrlich. An einer späteren Stelle (II, 3, 8) spricht Xenophon deshalb richtig nur von den Dreirudern, für deren Uebergabe natürlich ein bestimmter Termin festgesetzt wurde wie für die Zerstörung der Mauern. Letzteres folgt aus Plut. Lys. 15 zu Anfang u. Diod. XIV, 3, 6; und dass Agis in Dekeleia blieb, aus Xen. II, 3, 3, wo angegeben ist, dass derselbe erst nach dem endgültigen Friedensabschluss und der Einsetzung der Dreissig daraus fortzog. 27) Xen. II, 3, 15. 28) Ebend. § 36.

Familien sowie wegen seiner umfangreichen Thätigkeit auf den verschiedensten Gebieten — er war Philosoph, Dichter und Staatsmann zu gleicher Zeit — allgemein bekannt und von glühendem Ehrgeize beseelt war, so gelang es ihm bei seiner Fähigkeit und Entschiedenheit bald sich an die Spitze der oligarchischen Partei zu stellen und den entscheidendsten Einfluss unter ihr zu gewinnen. Von ihm geführt gingen die Oligarchen jetzt offener und energischer auf ihr Ziel, den Sturz der Demokratie, los. Das erste war, dass die verschiedenen schon seit Jahren bestehenden Klubs der Oligarchen, die sogenannten Hetairien, zu gemeinsamem Handeln vereinigt wurden, indem man einen Ausschuss ernannte, der die Parteiinteressen wahrzunehmen, die Losung zu gemeinsamem Handeln auszugeben und auf alle Weise unter den Bürgern für einen Verfassungswechsel im oligarchischen Sinne wirken sollte. Dieser Ausschuss bestand aus fünf Mitgliedern, die gleich dem Fünfmännercollegium in Sparta den Namen Ephoren führten, schon dadurch deutlich genug kennzeichnend, worauf es abgesehen war. Einer von diesen Ephoren war Kritias, ein zweiter Eratosthenes[29]); wer die übrigen waren, wissen

---

29) Ueber die Ephoren vergl. Lys. XII, 43—44. Während man gewöhnlich annimmt, die Ephoren seien in der Zeit zwischen der Schlacht von Aigospotamoi und der Uebergabe Athens eingesetzt, glaube ich Grote IV S. 490, Frohberger, Philol. XIV S. 320 ff. und Lange, Neue Jahrb. f. Philol. 1863 S. 217 folgen zu müssen, die als Zeitpunkt dafür die Zeit zwischen der Uebergabe und dem endgültigen Friedensabschlusse ansetzen. Die Gründe, die mich hierzu bestimmen, sind folgende:

a) Kritias kann als Verbannter nicht eher als nach der Uebergabe nach Athen zurückgekehrt sein; denn als Patrokleides bei Beginn der Belagerung die Rehabilitirung der ἄτιμοι beantragte, wurden ausdrücklich die Verbannten davon ausgenommen. Folglich sind auch die Ephoren erst nach der Uebergabe eingesetzt. Wenn man hiergegen darauf hinweist, dass ja Kritias erst späterhin, etwa für ein ausscheidendes Mitglied, eingetreten sein könnte, so verbietet dies die Beziehung der Worte bei Lys. a. a. O. § 43 ὧν Ἐρατοσθένης καὶ Κριτίας ἦσαν auf die kurz vorhergenden πέντε ἄνδρες ἔφοροι κατέστησαν. Der Sinn kann hier doch kein anderer sein als dieser: es wurden fünf Ephoren eingesetzt und zu diesen fünf eingesetzten gehörten Kritias und Eratosthenes.

b) Der grosse Einfluss, den Lysias den Ephoren beilegt, passt nicht für die Zeit vor der Uebergabe, wo die Demokraten (Kleophon) noch am Ruder waren, die Oligarchen aber nur schüchtern und mehr intriguirend auftraten.

c) Die Worte bei Lys. § 43 δημοκρατίας ἔτι οὔσης, ὅθεν τῆς στάσεως ἦρξαν, πέντε ἄνδρες ἔφοροι κατέστησαν passen viel besser auf die Zeit nach der Kapitulation, wo zwar die Demokratie noch bestand, aber der Parteikampf zwischen Oligarchen und Demokraten entbrannte, als dessen Anfang die Einsetzung der Ephoren bezeichnet wird.

d) Am meisten aber fällt für mich ins Gewicht der Umstand, dass Xenophon hierüber gänzlich schweigt. Derselbe hat eigenthümlicher Weise grade die Zeit von der Uebergabe Athens bis zur Einsetzung der Dreissig in seiner Erzählung übersprungen. Er erwähnt nicht das Geringste von den eintretenden Parteikämpfen, von der Anzeige des

wir nicht. Jedenfalls gehörte Theramenes bei seiner mehr vermittelnden, wenn auch jetzt zweifelsohne sich wieder etwas den Oligarchen nähernden Richtung nicht dazu[30]).

Auf der anderen Seite scharten sich aber auch die Freunde der bestehenden Verfassung zusammen. Hatten sie schon die Annahme der Friedensbedingungen schmerzlich empfunden, so musste noch viel mehr das Hinarbeiten der Oligarchen auf den Sturz der Demokratie sie zu Gegenmassregeln auffordern. Es bildete sich eine Verschwörung, an deren Spitze hauptsächlich die Feldherrn und Taxiarchen traten, entschlossen, für die Rettung der demokratischen Verfassung und womöglich auch für die Erlangung günstigerer Bedingungen beim definitiven Friedensschlusse alles aufzubieten[31]). Aber es fehlte ihnen nur zu sehr an einem Rückhalte beim Volke. Die grosse Menge bekümmerte sich jetzt wenig um Verfassungsfragen; ihr einziges Sehnen ging darauf recht bald durch den Abschluss des Friedens der Feinde gänzlich ledig zu werden und deshalb alles zu vermeiden, was denselben wieder in Frage stellen konnte[32]). Man begreift diese Sehnsucht, wenn man bedenkt, dass der Krieg mit etlichen Unterbrechungen fast dreissig Jahre gedauert und in dieser langen Zeit mehr oder minder Handel und Gewerbe, Ackerbau und zuguterletzt gar die Schiffahrt darniedergelegen hatte.

Agoratos, von der Festnehmung der demokratischen Feldherrn, Taxiarchen u. s. w., und so erklärt es sich denn auch ganz einfach, dass er, wenn in diese Zeit die Einsetzung und Wirksamkeit der Ephoren fällt, dieselben ebenfalls mit keiner Silbe berührt.
Für die Zeit vor der Kapitulation scheinen allerdings zu sprechen die Worte bei Lys. § 45 καὶ ὑμᾶς ἡγοῦντο τῶν παρόντων κακῶν ἐπιθυμοῦντας ἀπαλλαγῆναι περὶ τῶν μελλόντων οὐκ ἐνθυμήσεσθαι, insofern durch τῶν παρόντων κακῶν passend die Hungersnoth bezeichnet würde: aber ebensogut lassen sich diese Worte auch auf die Zeit nach der Uebergabe beziehen, wo ja, wie oben gezeigt ist, noch ein Theil der lakedaimonischen Flotte im Hafen und Agis in Dekeleia sich befand, überhaupt noch der feindliche Druck nach wie vor auf Athen lastete. Die Befreiung von alledem trat erst mit dem Friedensschlusse ein.
30) Wenn Grote IV S. 490 sagt, dass wahrscheinlich auch Theramenes dazu gehört habe, so ist das unrichtig. Sicherlich würde in diesem Falle Lysias nicht unterlassen haben grade Theramenes neben Eratosthenes zu nennen, da er Theramenes als Freund des Eratosthenes ebenso wie diesen selbst angreift. Ausserdem wird Lys. XII, 76 Theramenes gradezu den Ephoren entgegengestellt. — Waren die Ephoren eine öffentlich anerkannte Behörde oder nur ein Privatcomité der Oligarchen? Dass Eratosthenes den Versuch machte seine Theilnehmerschaft zu leugnen (§ 46), spricht für letzteres. Aber jedenfalls wusste jedermann in Athen von dem Bestehen dieses Ausschusses und kannte auch seine einzelnen Mitglieder, und so erklärt es sich, dass Lysias weiterhin § 76 von den Ephoren wie von einer bestehenden Behörde (οἱ καθεστηκότες ἔφοροι) spricht. 31) Lys. XIII, 15—16. 32) Der Gegensatz, der zwischen dem Volke besteht, das den Frieden will, und den Feldherrn, Demagogen und Sykophanten, die ihn aus verschiedenen Gründen nicht wollen, tritt bei Lysias nicht deutlich hervor, ist aber oft genug angedeutet.

Der Rath vollends wollte von der Demokratie gar nichts mehr wissen und konnte jetzt schon als ein Verbündeter der Oligarchen angesehen werden. Schon der Umstand, dass die Demokraten sich heimlich zusammenthaten, zeigt, wie wenig sicheren Boden sie unter den Füssen hatten. Die Oligarchen aber erhielten früh genug davon Kenntniss und beschlossen es zum Verderben der Gegenpartei auszunutzen. Der Verräther war Agoratos, ein Mann von niederer Herkunft, dessen Vater Eumares Sklave gewesen war[33]). Um seine Anzeige aber desto wirkungsvoller zu machen, wusste man es so zu drehen, als wenn sie ihm wider seinen Willen erpresst wäre. Man gewann deshalb einen gewissen Theokritos, einen Bekannten des Agoratos. Dieser erschien eines Tages in der Rathssitzung und machte die Anzeige, dass gewisse Leute sich zusammenthäten, in der Absicht der endgültigen Regelung der Verhältnisse auf Grundlage der angenommenen Friedenspräliminarien sich zu widersetzen[34]). Er wolle zwar, so fuhr er fort, keine Namen nennen, da ein Eid ihn daran hindere; aber es seien andere da, die sie angeben würden. Hierauf nannte er unter anderen Agoratos[35]). Der Rath beschloss die Genannten festzunehmen und sandte deshalb eine Commission nach dem Peiraieus ab. Sie traf Agoratos auf dem Markte; als sie ihn aber fortführen wollte, widersetzten sich Nikias, Nikomenes und andere und verbürgten sich für ihn. Da diese nun fürchten mussten, dass Agoratos freiwillig oder durch die Folter gezwungen die ganze Verschwörung an das Licht bringen würde, so drangen sie in ihn zu fliehen und stellten zu diesem Behufe zwei Fahrzeuge in Munychia in Bereitschaft; denn auch sie selbst hatten die Absicht Athen zu verlassen, bis wieder geordnete und feste Zustände eingetreten sein würden. Agoratos schlug das Anerbieten aus, vermuthlich, weil ihm Straflosigkeit und eine gute Belohnung von den Oligarchen versprochen worden war. In Folge eines neuen Rathsbeschlusses vor den Rath gebracht, nannte er die Namen derer, die sich für ihn verbürgt hatten, dann Feldherrn, Taxiarchen u. a. Dagegen waren andere, wahrscheinlich ebenfalls Freigelassene oder Metoiken, edel genug, um ihrer eigenen Rettung willen nichts zu verrathen, sondern lieber den Tod zu erleiden[36]). Die Angegebenen wurden darauf gefänglich eingezogen, mit Ausnahme der Feldherrn und Taxiarchen, da zu deren Festnehmung erst der Beschluss einer Volksversammlung erforderlich war[37]). Dieselbe fand im Theater zu Munychia statt, und da es an einem Vertheidiger der Angezeigten fehlte — die dazu bereit gewesen wären, waren ja selbst alle eingezogen —,

---

33) Lys. XIII, 64.   34) Nur dies kann der Sinn sein der dunkeln Worte bei Lys. XIII, 21 ἐναντιωcόμενοι τοῖc τότε καθιcταμένοιc πράγμαcι; cf. § 16 βουλόμενοι βελτίω ταύτηc εἰρήνην τῷ δήμῳ τῶν Ἀθηναίων ποιή-cαcθαι.   35) Dies vergisst Lysias hinzuzufügen, doch versteht es sich von selbst, da der Rath sofort § 23 Agoratos im Peiraieus aufsuchen lässt.   36) Lys. XIII, 54 u. 60.   37) Ebend. § 32.

so war es ein Leichtes sie auf Grund des entdeckten Complottes dem Volke als Feinde der bestehenden Ordnung und des Friedens hinzustellen und ihre Einkerkerung durchzusetzen. Die weitere Untersuchung und Aburtheilung über sämmtliche Denuncirte sollte demnächst vor einem Gerichtshofe von 2000 Heliasten stattfinden[38]). Doch kam es hierzu nicht in Folge der bald darauf eintretenden grossen Staatsumwälzung[39]).

Denn mittlerweile war die Frist abgelaufen, binnen welcher vertragsmässig die Mauern zerstört sein und die noch übrigen Kriegsschiffe zur Uebergabe im Peiraicus bereit liegen sollten, und so segelte noch einmal im September des J. 404 Lysandros von Samos herbei, um die letzte Hand an das Friedenswerk zu legen[40]). Da die Mauern noch nicht vollständig zerstört waren, so wurde jetzt auf Lysandros' Befehl rasch damit ein Ende gemacht, die Kriegsschiffe ausser zwölf ihm übergeben und unmittelbar darauf eine Volksversammlung berufen, um den Friedensvertrag zu vollziehen und die athenische Verfassung neu zu gestalten, d. h. eine oligarchische Regierung ein-

38) § 35.   39) Breitenbach (zu Xen. Hell. II, 2, 22 ist der Meinung, diese Festnehmung der Feldherrn u. s. w. müsste vor der Versammlung, die über die Annahme der Friedensbedingungen entschied, also zu Anfang des Frühlings 404, stattgefunden haben. Dagegen spricht: 1) Die einzelnen geschilderten Ereignisse nahmen nothwendig so viel Zeit weg, dass, hätte Breitenbach Recht, währenddem halb Athen verhungert wäre. 2) Die Schiffahrt muss nach Lys. XIII, 25 schon wieder frei und folglich die Blockade aufgehoben sein, was erst nach der Uebergabe eintrat. 3) Die Festnehmung der Feldherrn u. s. w. erfolgte nicht allzulange vor der letzten Ankunft Lysanders im J. 404 und der Einsetzung der Dreissig (Lys. XIII, 34). Das ist der Grund, dass der Beschluss, jene vor einem Heliastengerichte abzuurtheilen, nicht mehr zur Ausführung kam. Nach Breitenbach müssten die Angeklagten vom Frühling bis zum beginnenden Herbst 404 — denn da erst erfolgte die Einsetzung der Dreissig — ohne Aburtheilung im Gefängnisse gesessen haben, was unmöglich ist. — Breitenbach ist zu seiner Annahme verleitet worden durch die Worte bei Lys. XIII, 17 πρὶν τὴν ἐκκλησίαν τὴν περὶ τῆς εἰρήνης γενέσθαι. Die hier genannte Volksversammlung, meint er, sei die gewesen, die über die Annahme der Friedensbedingungen entschied. Mit nichten. Es ist vielmehr diejenige, wie Scheibe, olig. Umw. S. 164—165 zeigt, worin endgültig alle Verhältnisse geregelt wurden, anderwärts von Lysias περὶ τῆς πολιτείας ἡ ἐκκλησία (XII, 72) genannt. Es wurden ja in derselben nicht nur die 30 Tyrannen eingesetzt, sondern nach Erfüllung sämmtlicher durch die Präliminarien vorgeschriebenen Bedingungen der definitive Friede abgeschlossen; und deshalb ist auch für diese Versammlung der Ausdruck ἡ ἐκκλησία ἡ περὶ τῆς εἰρήνης gerechtfertigt.

40) Lys. XIII, 34. Nach Diod. XIV, 3, 4 riefen die Oligarchen Lysandros herbei, nach Lys. XII, 71 Theramenes. Beides ist gleich unwahrscheinlich. Lysandros hatte die Vollmacht von den Ephoren erhalten, auf die genaue Ausführung der Friedensbedingungen zu sehen und den Frieden abzuschliessen. Er eilte also nach Ablauf der gesetzten Frist von selbst herbei, brauchte nicht erst von andern gerufen zu werden.

zusetzen. Die Ereignisse des letzten Sommers hatten dem schon tüchtig vorgearbeitet: was irgendwie von bedeutenden Männern auf demokratischer Seite vorhanden war, das war jüngst hinter Schloss und Riegel gebracht, und so konnte Lysandros als der allmächtige Mann, nachdrücklich von Theramenes sowohl wie von den Oligarchen unterstützt, auch in Athen ohne besondere Mühe eine oligarchische Regierung ins Leben rufen, wie er das in anderen mit Athen verbündet gewesenen demokratischen Städten gethan hatte. Dass aber in Athen nicht wie in jenen eine oligarchische Behörde von zehn Männern, eine sogenannte Dekarchie oder Dekadarchie, eingesetzt wurde, sondern eine von dreissig Männern, das hat einerseits wohl seinen Grund gehabt in der Bedeutung Athens im Vergleich zu anderen demokratischen Städten, andererseits aber erkennen wir grade darin wieder das entscheidende Eingreifen des Theramenes, der ja hierbei neben Lysandros die Hauptrolle spielte[41]). Als nämlich Drakontides den Antrag stellte die Verfassung zu ändern und eine oligarchische Regierung einzusetzen[42]) und hiergegen von demokratischer Seite sich heftiger Widerspruch erhob, da trat Theramenes auf und zeigte den Athenern die Nothwendigkeit den Antrag anzunehmen. Er legte dar, dass einmal viele von den Athenern dafür seien und zweitens Lysandros und die Lakedaimonier dies forderten. Jeglicher Widerspruch aber verstummte, als nach ihm Lysandros selbst sich erhob und als unbarmherziger Sieger den Besiegten auseinandersetzte, dass sie als Vertragsbrüchige[43]) jetzt gar keine Wahl mehr hätten, wo es sich lediglich um Sein oder Nichtsein handele; nur wenn sie auf Theramenes Vorschläge eingingen, wolle er Gnade für Recht ergehen lassen. Gegen solch eine Sprache wäre fernerer Widerstand vergeblich gewesen; denn drohend lagen auf der einen Seite die lakedaimonischen Schiffe im Peiraieus vor Anker, auf der anderen aber lagerte das Heer des Agis, der ebenfalls von Dekeleia herbeigeeilt war[44]), um den nöthigen Druck auszuüben. Die Demokraten ergaben sich in ihr Schicksal: theils entfernten sie sich aus der Volksversammlung, theils blieben sie und liessen ruhig über sich ergehen, was nicht mehr abzuwenden war. So ging Drakontides' Antrag schliesslich ohne Widerspruch[45]) durch und zwar in der Weise, wie es Theramenes befürwortet hatte, dass nämlich zehn, die er selbst vorschlug, zehn von den Ephoren und

---

41) Vergl. Lys. XII, 77 πάντων τῶν πεπραγμένων αὐτὸς αἴτιος γεγενημένος.   42) Ebend. § 73 u. Schol. zu Aristoph. Wespen 157.
43) Lys. 74 παρασπόνδους, insofern die Mauern innerhalb der gesetzten Frist nicht zerstört waren; bestätigt durch Diod. XIV, 3, 6 und Plut. Lys. XV zu Anfang.   44) Lys. XII, 71 μετεπέμψατο μὲν τὰς μετὰ Λυσάνδρου ναῦς ἐκ Σάμου, ἐπεδήμησε δὲ τὸ τῶν πολεμίων στρατόπεδον. Dass unter στρατόπεδον im Gegensatz zum vorhergehenden ναῦς nur das Landheer unter Agis gemeint sein kann, zeigt Frohberger zu dieser Stelle.
45) Bei Lys. § 75 übertrieben ὀλίγοι δέ τινες καὶ πονηροὶ καὶ κακῶς βουλευόμενοι τὰ προσταχθέντα ἐχειροτόνησαν.

zehn aus der Mitte der noch Anwesenden erwählt würden. Diese dreissig Männer, von denen ausser Theramenes und dem Antragsteller Drakontides am bekanntesten Kritias, Charikles, Eukleides, Pheidon und Eratosthenes sind, wurden dann durch einen förmlichen Volksbeschluss [46]) an die Spitze des Staates gestellt mit der Vollmacht, die Gesetze zusammenzustellen, die von nun an für das staatliche Leben die Grundlage bilden sollten. Theramenes aber verpflichtete sie nicht bloss durch Wort und Handschlag, sondern auch durch förmliche Eidschwüre, dass sie treu zu einander und zur neuen Verfassung halten wollten [47]).

Dies geschah bei Beginn des Herbstes am 20. September, dem Jahrestage der Schlacht bei Salamis [48]), im J. 404. Hierauf kehrte Lysandros, die ausgelieferten athenischen Trieren mit sich führend [49]), nach Samos zurück, und auch Agis zog nun endlich ab und löste seine Heeresmacht auf [50]).

Die zuletzt geschilderten Ereignisse vom Parteikampfe an bis zur Einsetzung der Dreissig sind, da Xenophon uns hier leider im Stich lässt — eine Lücke, die das halbe Jahr vom Frühling bis zum Herbst 404 umfasst — im wesentlichen nach Lysias wiedergegeben worden, der in vielen Punkten hier die einzige Quelle ist. Und wie stark er auch die Farben auftragen und namentlich gegen Thera-

---

46) Xen. Hell. II, 3, 2 ἔδοξε τῷ δήμῳ τριάκοντα ἄνδρας ἑλέσθαι; vergl. Isokr. VII, 67.   47) Lys. § 77 πολλὰς πίστεις αὐτοῖς ἔργῳ δεδωκὼς καὶ παρ' ἐκείνων ὅρκους εἰληφώς.   48) Plut. Lys. XV zu Anfang: ἕκτῃ ἐπὶ δεκάτῃ Μουνυχιῶνος μηνός, ἐν ᾗ καὶ τὴν ἐν Σαλαμῖνι ναυμαχίαν ἐνίκων τὸν βάρβαρον, wobei allerdings zu bemerken ist, dass Plutarchos die Uebergabe der Stadt mit dem definitiven Friedensschlusse verwechselt und so die Daten beider fälschlich als ein und denselben Tag bezeichnet; denn am 16. Munychion fand erstere statt. Die Verwirrung bei Plutarchos in diesem ganzen Kapitel ist grenzenlos: er wirft nicht nur die genannten Ereignisse durch einander, sondern, um die Confusion vollständig zu machen, giebt er einzelne Notizen, die er Kapitel 14 hätte bringen müssen, wo von der Berathung der Verbündeten in Lakedaimon über das Schicksal von Athen die Rede ist. Dahin gehört der Vorschlag des Thebaners Erianthos und was weiterhin von dem Vortrage der Parodos der Euripideischen Elektra durch einen Phoker gesagt wird. Es nimmt mich Wunder, dass Peter, comm. crit. de Xen. Hell. S. 43 ff. und ihm folgend Scheibe, olig. Umwälzung S. 162, die beide richtig die Einsetzung der Dreissig auf den Herbst ansetzten, nicht auch schliesslich dies Resultat aus der Verwechselung des Plutarchos zogen, was doch so nahe lag. Dass ein so berühmter Jahrestag wie der der Schlacht von Salamis, der grade in diese Zeit fiel, für den Friedensschluss und die Verfassungsveränderung ausgesucht wurde, ist leicht begreiflich; und es stimmt dieses Datum auch ganz gut zu einem anderen bei Xen. Hell. II, 3, 4, wo gesagt ist, dass um diese Zeit, die durch eine Sonnenfinsterniss noch genauer bestimmt wird, der Tyrann Lykophron von Pherai seine Gegner in einer Schlacht besiegt habe. Diese Sonnenfinsterniss aber fiel auf den 2. oder 3. September.   49) Xen. II, 3, 8. Plut. a a. O. lässt fälschlich den Lysandros die athenischen Trieren zugleich mit der Zerstörung der Mauern unter Flötenspiel verbrennen.   50) Xen. II, 3, 3

menes Partei nehmen mag, so wird doch sein Bericht in den beiden
Reden gegen Eratosthenes und Agoratos, da dieselben nicht allzulange nach den darin vorzugsweise geschilderten Begebenheiten
niedergeschrieben wurden und ihm also alles noch frisch im Gedächtnisse vorschwebte, im wesentlichen seine Richtigkeit haben.
Lysias nimmt seine Zuhörer, ja die eigenen Worte des Theramenes,
womit dieser sich später vor dem Rathe vertheidigte, zu Zeugen des
von ihm Behaupteten[51]). Ganz anders freilich lautet die Erzählung
des Diodoros[52]). Nach ihm hätte sich Theramenes dem Lysandros
widersetzt und sich darauf berufen, dass nach den Friedenspräliminarien den Athenern ihre alte Verfassung gewährleistet sei. Dagegen hätte Lysandros geltend gemacht, dass auch von den Athenern
der Vertrag gebrochen wäre, da die Schleifung der Mauern innerhalb der bestimmten Frist nicht erfolgt sei. Ja er habe sich sogar
dazu verstiegen Theramenes mit dem Tode zu drohen, wenn er nicht
aufhöre den Lakedaimoniern sich zu widersetzen. So hätten Theramenes und das Volk gezwungen ihre Zustimmung zu dem Sturze
der Demokratie gegeben. Das Volk aber hätte nun Theramenes
aus Dank für seine edle Gesinnung mit unter die Dreissig gewählt,
um so in ihm gewissermassen ein Gegengewicht gegen oligarchische
Selbstsucht zu haben.

Wie Lysias in vielen Punkten Theramenes Unrecht thut, ebenso
parteiisch ist andererseits dieser Bericht Diodors gefärbt. Das
Richtige wird wie so oft auch hier in der Mitte liegen. Theramenes
widersetzte sich Lysandros, oder milder ausgedrückt, machte Lysandros Vorstellungen, dass in dem seit langer Zeit demokratischen
Athen eine rein oligarchische Regierung verhasst sei und keinen
dauernden Boden finden könne; dass es besser sei eine gemässigte
Verfassung, an der alle Parteien in gleicher Weise theilnähmen, ins
Leben zu rufen. Lysandros gab diesen Vorstellungen Gehör, da es
ihm hauptsächlich darauf ankam die Demokratie zu stürzen; ob
dafür aber eine radikale oder eine gemässigte Oligarchie eintrat,
konnte ihm gleichgültig sein; ja letztere musste ihm lieber sein,
wenn sie nach Theramenes Versicherung längeren Bestand versprach.
Theramenes sah sich wieder einmal wie im J. 411 seinem politischen
Ideale näher geführt: die zehn von den Ephoren Gewählten ver-
traten die streng oligarchische Richtung, er an der Spitze der von
ihm bestimmten Zehn die gemässigte, und die zehn vom Volke Er-
nannten die demokratische. Theramenes aber mochte hoffen, dass
er, mit den Seinen in der Mitte zwischen beiden äussersten Richtungen stehend, schädlichen Ausschreitungen nach beiden Seiten
vorbeugen und so jedesmal die Entscheidung in Händen haben würde.
In der Theorie war das vortrefflich gedacht, nur dass es sich leider
in der Praxis anders machte. Waren denn wirklich die drei Parteien

---

51) Lys. XII, 74 u. 77.   52) Diod. XIV, 3, 3 ff.

gleichmässig vertreten? Gewiss nicht. Die Demokraten waren zu kurz gekommen: alle bedeutenderen Männer auf ihrer Seite waren beseitigt oder sassen im Gefängniss; was aber von dieser Partei der Volksversammlung bis zu Ende beiwohnte und seine Zustimmung zu dem Verfassungswechsel gab, das waren keine Demokraten mehr, sondern schwankende, unbedeutende Menschen, die nicht Farbe bekannten, sondern zweifelsohne als willenlose Werkzeuge in der Hand eines energischen Mannes sich gebrauchen liessen. Und da auch der Rath von seiner Gesinnung in der letzten Zeit durchaus keinen Hehl gemacht hatte, so konnte es von vornherein kaum einem Zweifel unterliegen, nach welcher Seite sich der Schwerpunkt in der neuen Regierung neigen würde. Anfangs trat das zwar weniger hervor, späterhin aber desto mehr.

Die gegebene Darstellung wird übrigens zur Genüge gezeigt haben, wie wenig diejenigen Recht haben, die Theramenes während dieser ganzen Zeit mit den Oligarchen Hand in Hand gehen lassen, ja womöglich als ihr Haupt hinstellen: dem widerspricht die Thatsache, dass Theramenes nicht zu den Ephoren gehörte, dem die Art und Weise, wie die Dreissig zusammengesetzt wurden, dem auch sein ganzes demnächstiges Auftreten als Mitglied der Dreissig selbst.

VI. Die dreissig Tyrannen und Theramenes' Tod.

Wie die Revolution des Jahres 411 in gesetzlichen Formen vor sich gegangen d. h. durch die Volksversammlung bestätigt worden war, ebenso hatte auch jetzt letztere äusserlich in ganz gesetzlicher Weise die Einsetzung der Dreissig beschlossen. Es sollte so viel wie möglich der Schein gewahrt werden, als ob weiter nichts an der alten Verfassung geändert sei, als dass man unter aussergewöhnlichen Umständen eine aussergewöhnliche Behörde eingesetzt habe, unter der sei es im stillen sei es offen ausgesprochenen Voraussetzung, dass dieselbe mit dem Eintritt geordneter Zustände und der Erfüllung ihrer Obliegenheiten wieder zurücktreten würde. Drum blieben auch alle Behörden, wie sie bisher unter der Demokratie gebräuchlich gewesen waren, fortbestehen, wie das Archontat[1]) und der Rath, nur dass die Dreissig später, als das Schreckensregiment begann, alle demokratisch gesinnten Mitglieder durch Verbannung, Hinrichtung u. s. w. daraus entfernten und durch ihren Einfluss solche Personen dafür hineinbrachten, die ihre willigen Creaturen zu werden versprachen[2]). Ebenso wurde die in Criminalfällen vollziehende

---

1) Als ἄρχων ἐπώνυμος wird bei Xen. II, 3, 1 und Lys. VII, 9 Pythodoros angegeben, als ὁ βασιλεὺς Patrokles bei Isokr. 18, 5. Vergl. Sievers, comm. hist. de Xen. Hell. S. 47. 2) Das ist wohl der Sinn der Worte bei Xen. II, 3, 11 βουλὴν δὲ καὶ τὰς ἄλλας ἀρχὰς κατέστησαν ὡς ἐδόκει αὐτοῖς. Von einem wirklichen Einsetzen kann keine Rede sein, da die Dreissig von Hause aus keine Befugniss dazu hatten und

Behörde der Eilfmänner, deren unverschämtester während der Herrschaft der Dreissig Satyros war, beibehalten[3]). Neu eingesetzt wurde ausser den Dreissig nur eine Behörde, die Zehnmänner im Peiraieus, mit der Bestimmung, die volkreiche Hafenstadt zu überwachen und die Befehle der Dreissig daselbst auszuführen[4]).

Die Dreissig waren gewählt zu dem Zwecke, die Gesetze zusammenzustellen, nach welchen inskünftige das politische Leben sich gestalten sollte[5]). Das Bedürfniss hierfür war ein altes und tiefgefühltes. Denn zu den alten solonischen Gesetzen waren im Laufe der Zeit, namentlich seit der ausgebildeten Demokratie, wo gar zu oft Gesetze für den einzelnen Fall geschaffen wurden, so viele neue auf allen Gebieten hinzugekommen, dass es schwer war sich in dem Wuste von alten und neuen sich oft widersprechenden Bestimmungen zurecht zu finden. Deshalb war schon bald nach Wiederherstellung der gemässigten Demokratie im J. 411 eine Commission ernannt worden, deren Haupt Nikomachos war, um eine Revision der Gesetze vorzunehmen und eine Auswahl unter ihnen zu treffen, die die Grundlage der neuen Verfassung bilden sollte. Aber Nikomachos, der Tag für Tag seinen Sold dafür bezog, beeilte sich nicht allzusehr mit der allerdings wohl etwas langwierigen Arbeit, sondern benutzte vielmehr seine wichtige Stellung zu seinem eigenen Vortheile, indem er, von den Parteien bestochen, bald diese bald jene Gesetze aufzeigte, so dass es vorkommen mochte, dass beide Parteien vor Gericht sich widersprechende gesetzliche Bestimmungen vorbrachten, die sie beiderseits sich von Nikomachos hatten hervorsuchen oder ausarbeiten lassen. So hatte derselbe schon sechs Jahre lang an seiner Arbeit gesessen, ohne damit fertig zu werden, als die Dreissig gewählt und dadurch die alte Commission aufgelöst wurde. Nikomachos wurde verbannt, kehrte aber später mit der Volkspartei wieder zurück und nahm dann nach Wiederherstellung der Demokratie nochmals vier Jahre lang seine frühere Arbeit wieder auf, bis er dieserhalben gerichtlich belangt wurde[6]). Wir sehen hieraus, wie sehr das Bedürfniss zu einer solchen Gesetzesrevision vorhanden war, und dass die Dreissig eigentlich nur eine bis dahin nicht zu Ende geführte Arbeit aufzunehmen und womöglich rasch zu vollenden hatten. Der Vorsitz hierbei und die Redaktion wurde

---

sich auch gewiss nicht gleich im Anfange anmassten. Ueberdies sagt Lys. XXX, 14, dass der Rath, der über Kleophon das Todesurtheil ausgesprochen, derselbe sei, der weiterhin auch den Tod des Strombichides, Kalliades u. a. verschuldet habe. Letzteres aber geschah, wie wir gleich sehen werden, erst nach der Einsetzung der Dreissig. Also besagen die Worte bei Diod. XIV, 4, 1 ἔδει δὲ τοὺς ᾑρημένους βουλήν τε καὶ τὰς ἄλλας ἀρχὰς καταστῆσαι viel zu viel.

3) Vergl. Scheibe, olig. Umw. S. 68.   4) Xen. Hell. II, 4, 19; Plut. Lys. 15; Plat. epist. VII S. 324 C.   5) Xen. Hell. II, 3, 11; Diod. XIV, 4, 1.   6) Nach Lys. XXX, 2—4 u. 15, der aber auch in diesem Falle wohl etwas zu grell geschildert hat.

Kritias und Charikles übertragen. Es wurden auch wirklich im Laufe der Zeit einige sogenannte neue Gesetze (καινοὶ νόμοι) geschaffen; z. B. gehörte dahin die Bestimmung, dass ein Mitglied der späteren Dreitausend nur vom Rathe, jeder andere aber ohne weiteres von den Dreissigen zum Tode verurtheilt werden konnte; oder das Verbot Unterricht im Disputiren zu ertheilen, das seine Spitze gegen Sokrates richtete, der durch allzu freimüthige Aeusserungen den Zorn des Kritias auf sich geladen hatte[7]). Von sonstigen Gesetzen, mit deren Abfassung sich übrigens die Dreissig durchaus nicht beeilten[8]), ist nichts überliefert worden. Wir ersehen aber aus den beiden angeführten schon zur Genüge, welcher Geist in ihnen wehte, und wie die Dreissig nur solche Gesetze schufen, die auf die Befestigung ihrer Gewaltherrschaft hinzielten und jede freiere Regung im Volksleben niederdrückten. Von Redefreiheit und der Berufung einer Volksversammlung war selbstverständlich keine Rede. Ihre Hauptstütze waren die Ritter, die, den edlen und grundbesitzenden Geschlechtern angehörig, die ganze Zeit der Krisis hindurch treu zu ihnen hielten[9]), und der gefügige Rath, auf den jetzt die Criminalgerichtsbarkeit überging, die früher die Heliastengerichte und in wichtigeren Fällen die Volksversammlung besessen hatte. So waren die drei Hauptbollwerke der demokratischen Freiheit und Gleichheit, nämlich die Redefreiheit, die Gleichheit aller vor dem Gesetze und die Gleichberechtigung zu den Staatsämtern, thatsächlich aufgehoben.

Eine der ersten Thaten der Dreissig und des Rathes war die Verurtheilung der Demokraten, welche in Folge der Anzeige des Agoratos festgenommen waren und seit der Zeit in Banden ihres Schicksals harrten. Durch Lysandros' Ankunft und die damit im Zusammenhange stehenden Ereignisse hatte sich die Entscheidung über sie etwas verzögert. Der Volksbeschluss lautete dahin, dass die Angeklagten von einem Gerichtshofe von 2000 Heliasten gerichtet werden sollten[10]). Die Dreissig aber bekümmerten sich nicht weiter darum, sondern liessen den Rath über sie zu Gericht sitzen, führten auch statt der früheren geheimen die offene Abstimmung ein. Sie selbst nahmen, um dieselbe bei jedem einzelnen Rathsmitgliede zu überwachen, die vordersten Plätze ein, die sonst für den Ausschuss des Rathes, die Prytanen, bestimmt waren. Vor ihnen standen zwei Tische, der eine für die freisprechenden, der andere für die verdammenden Stimmen, die offen auf den Tisch hingelegt werden mussten. So wurde denn — obwohl es bei der bekannten Gesinnung des Rathes dessen gar nicht bedurft hätte — über alle ohne Ausnahme das Todesurtheil ausgesprochen; nur Agoratos wurde als Wohlthäter des Staates in Freiheit gesetzt[11]).

---

7) Xen. Mem. I, 2, 31 u. Hell. II, 3, 51.   8) Xen. Hell. II, 3, 11 u Diod. XIV, 4, 2.   9) S Frohberger zu Lys. XII, 44   10) Lys. XIII, 35.   11 Ebend. § 36 38 u. 54.

Zu den Verurtheilten gehörten nicht nur die angesehensten Männer der demokratischen Partei, gewesene Feldherrn und Taxiarchen, wie Strombichides und Dionysodoros, sondern auch Sykophanten aller Art, die sich durch ihre Anklagen zu den Zeiten der Demokratie allgemeinen Hass zugezogen hatten, sowie die früheren Mundhelden des Marktes und grossen Haufens, die alle, wenn auch aus verschiedenen Gründen, selbst nach der Kapitulation noch das Kriegsgeschrei fortgesetzt oder wenigstens die Friedenspräliminarien bekämpft hatten. Sie vor allen waren auch Schuld daran gewesen, dass die Schleifung der Mauern so wenig vorrückte, dass Lysandros bei seiner Ankunft noch einen beträchtlichen Theil davon stehen fand und mit Recht die Athener beschuldigen konnte den Vertrag gebrochen zu haben. Jetzt, wo alle diese Leute aus dem Wege geräumt waren, mochte mancher Freund des Friedens beruhigt aufathmen oder der begüterte Mann, von Sykophanten nicht mehr bedrängt, sich seines Besitzes freuen und so diese erste That der Dreissig vielfach beifällig beurtheilt werden[12]). Es liess sich nicht verkennen, dass die Athener im grossen und ganzen, abgesehen von jenen genannten Elementen, der Demokratie herzlich müde geworden waren[13]). Mochten drum auch durch die Verurtheilung einige angesehene Männer, die wohl ein anderes Schicksal verdient hätten, mit betroffen werden, man nahm das als etwas, was bei Revolutionen einmal nicht zu vermeiden war[14]), mit in den Kauf und war froh

---

12) Xen. Hell. II, 3, 12. Von der Verurtheilung der Feldherrn und Taxiarchen findet sich bei Xen. nichts; er spricht nur von Leuten, die zu den Zeiten der Demokratie von der Sykophantie lebend den Aristokraten (τοῖc καλοῖc κἀγαθοῖc) lästig gefallen wären. Umgekehrt erwähnt Lysias in der Rede gegen Agoratos nichts von diesen, sondern nennt vorzugsweise Namen von Bedeutung, wie Strombichides, Dionysodoros und Kalliades (letzteren XXX, 14). Wenn er aber § 31 sagt, der Rath sei förmlich darauf versessen gewesen noch mehr Namen zu bekommen, in der Meinung, Agoratos hätte nicht alle genannt, trotzdem dieser doch § 30 schon diejenigen, die für ihn hatten bürgen wollen, dann die Feldherrn und Taxiarchen und schliesslich auch einige andere Bürger (καὶ ἄλλων τινῶν πολιτῶν) angegeben hatte, so sehen wir daraus deutlich, welchen Umfang dieser Prozess annahm und dass ausser Feldherrn und Taxiarchen gar manche anderen Elemente, wie die von Xenophon angegebenen, als Hauptvertreter der Demokratie mit darin verwickelt wurden. Lysias als Demokrat stellt natürlich, um das Verfahren des Rathes und der Dreissig im schwärzesten Lichte erscheinen zu lassen, jene edlen und angesehenen demokratischen Führer in den Vordergrund, andere unlautere Elemente wie Sykophanten mit einer oberflächlichen Wendung (καὶ ἄλλων τινῶν πολιτῶν) übergehend; während umgekehrt Xen. als Feind der Demokratie grade diese letzteren erwähnt und jene ersteren, über deren Biederkeit wir ja ohnehin nicht so ohne weiteres Lysias aufs Wort zu glauben berechtigt sind, mit Stillschweigen übergeht. Auch Diod. XIV, 4, 2 stimmt mit Xenophon überein. 13) Plat. epist. VII S. 324 C ὑπὸ πολλῶν γὰρ τῆc τότε πολιτείαc λοιδορουμένηc μεταβολή γίγνεται. 14) Cf. Xen. Hell. II, 3, 32 καὶ εἰcὶ μὲν δήπου πᾶcαι μεταβολαὶ πολιτειῶν θανατηφόροι.

nun endlich Ruhe und Frieden in der Stadt und nach aussen zu haben. Und wenn die Dreissig als das Programm der neuen Regierung hinstellten, „dass es nöthig sei den Staat von Ungerechten zu reinigen, die übrigen Bürger aber sich der Tugend und Gerechtigkeit zuwenden müssten"[15]), so thaten sie dies ganz im Sinne der augenblicklichen öffentlichen Meinung[16]). War doch sogar der Philosoph Platon nach einer nicht unwahrscheinlichen Ueberlieferung anfangs entschlossen jetzt am politischen Leben theilzunehmen, wovon er freilich bald, als das Schreckensregiment begann, zurückkam[17]). Jenes gar hochklingende Programm musste denn auch herhalten, als Aeschines und Aristoteles nach Sparta gesandt wurden mit der Bitte an Lysandros, den Dreissig eine Besatzung auszuwirken. Da verlautete nichts von der eigentlichen Absicht, mit Hülfe der fremden Besatzung mit der Bürgerschaft nach Belieben zu schalten, sondern es wurde die Bitte vorgetragen mit den schönen Worten: man wünsche sie zu haben, bis man die Schlechten aus dem Wege geräumt und die Verfassung hergestellt habe[18]). Für den Unterhalt derselben versprachen die Dreissig selbst Sorge zu tragen. Lysandros ging bereitwillig darauf ein, war nach Kräften für die athenische Gesandtschaft thätig und bewirkte, dass Kallibios an der Spitze einer Söldnerschar nach Athen abging.

Indess, dieser letzte Schritt, zu dem die Dreissig sich entschlossen hatten, war schon nicht mehr nach dem Willen des Theramenes[19]). Bis dahin hatte er, wie wir annehmen dürfen, in Uebereinstimmung mit den Dreissig gewirkt, und er hauptsächlich hatte immer das entscheidende Wort gesprochen. Wir haben früher gesehen, wie er auf Lysandros einzuwirken suchte dem von ihm entworfenen Verfassungswerke zuzustimmen, und wie ihm das schliesslich gelang. Wir wollen es auch Kritias gern glauben, wenn er Theramenes vorwirft[20]) bei der Anklage und Verurtheilung jener ersten Opfer der Dreissig den grössten Eifer gezeigt zu haben. Wir wissen schon vom Feldherrnprozesse her, dass er den Grundsatz der Alten, sich an den Feinden so viel wie möglich zu rächen, getreulich befolgte und sich unermüdlich dabei zeigte; andererseits aber auch aus dem Jahre 411, dass ihm jedes Mass und Ziel überschreitende Morden mit kaltem, regungslosem Herzen fern lag. Mochten das nun Privatfeinde oder politische Feinde sein, das war ihm gleich. Sein Grundsatz war im letzteren Falle der, die unterliegende Partei durch Verbannung oder Vernichtung ihrer haupt-

---

15) Lys. XII, 5.   16) Plat. a. a. O. S. 324 D ᾠήθην γὰρ αὐτοὺς ἔκ τινος ἀδίκου βίου ἐπὶ δίκαιον τρόπον ἄγοντας διοικήςειν δὴ τὴν πόλιν. Diod. XIV, 4, 2 καὶ μέχρι τούτου τοῖς ἐπιεικεςτάτοις τῶν πολιτῶν εὐηρέςτει τὰ γινόμενα. Arluil. Xen. Hell. II, 3, 12.   17 Plat. ebend. D ff. 18) Xen. Hell. II, 3, 13 ἕως δὴ τοὺς πονηροὺς ἐκποδὼν ποιηςάμενοι καταστήςαιντο τὴν πολιτείαν.   19) Xen. Hell. II, 3, 42.   20 Ebend. § 28.

sächlichsten Führer unschädlich zu machen, dann aber nach Heranziehung und Zusammenfassung aller gemässigten Elemente zu einer starken Mittelpartei an der Spitze derselben die Zügel in die Hand zu nehmen und Frieden und Versöhnung nach allen Seiten zum Heile des Staates zu bringen. So hatte er 411 nach dem Sturze der Vierhundert gehandelt, und wahrlich nicht zum Schaden Athens; so gedachte er auch jetzt wieder zu verfahren, womöglich mit besserem Erfolge. Denn damals war schliesslich der Versuch doch missglückt, weil Theramenes selbst jahrelang an rühmlichen Kämpfen zur See als Anführer theilnahm und darüber die Angelegenheiten daheim vollständig aus dem Auge verlor, so dass bald die Demokratie wieder erstarken und die alte Macht an sich reissen konnte. Jetzt war von dieser Seite augenblicklich, und wenn sonst nur die neue Regierung sich massvoll zeigte, sogar auf lange Zeit nichts zu besorgen. Die Demokratie lag vollständig darnieder, hatte alle Sympathien verloren und war jüngst ihrer letzten Führer beraubt worden. Da war keiner, den man zu fürchten Veranlassung gehabt hätte: denn Alkibiades war vom Volke selbst verstossen, und Thrasybulos lebte zwar in Athen, hatte aber seit Alkibiades' Sturze ebenfalls alle Bedeutung verloren und vollends seit dem Feldherrnprozesse sich gänzlich von dem politischen Schauplatze zurückgezogen. Eine Demokratie, wie sie die letzten Jahre des peloponnesischen Krieges in Athen entwickelt hatten, war nicht nach Thrasybulos' Geschmacke, und so hatte er auch an der letzten demokratischen Verschwörung nicht theilgenommen und das Schicksal vermieden, das ihn anderenfalls ebenso sicher wie die von Agoratos Verrathenen betroffen haben würde. Theramenes aber war er in Folge der letzten Ereignisse mehr und mehr entfremdet worden. Die einzige Gefahr also, die der neuen oligarchischen Regierung drohte, konnte nur aus ihrer eigenen Mitte erwachsen, wenn sie nämlich, ohne Mass sich ihren Leidenschaften hingebend, in eine Regierung der Willkür und des Schreckens ausartete und dadurch nothwendigerweise einen Rückschlag hervorrief.

Doch solchen Erwägungen gab sich unter den Dreissig nur Theramenes hin; die meisten dachten allein daran ihre Feinde völlig zu vernichten oder ihre Habsucht zu sättigen, indem, was irgendwie noch von reicheren oder bedeutenderen Männern im Demos vorhanden war, ergriffen und nach kurzem Prozess, späterhin auch vielfach ohne Verhör [21]), den Eilfmännern übergeben wurde. Dass man solches in voller Sicherheit ausführen könnte, dazu sollte hauptsächlich die fremde Besatzung dienen. Man schmeichelte also Kal-

---

21) Lys. XII, 36 ὁμολογοῦσιν ἑκόντες πολλοὺς τῶν πολιτῶν ἀκρίτους ἀποκτιννύναι. Als nämlich späterhin die Liste der Dreitausend entworfen war, konnten alle davon Ausgeschlossenen ohne weiteres von den Tyrannen selbst verurtheilt werden.

libios in jeglicher Weise, um von ihm zu jeder Zeit Helfershelfer zu erhalten, und die Folge davon war, dass derselbe sich unentbehrlich dünkte und alles gegen athenische Bürger sich herausnehmen zu dürfen glaubte[22]). Hauptsächlich aber war es unter den Dreissig Kritias, der von der milden Praxis des Theramenes nichts wissen wollte, sondern danach lechzte, Rache für seine Verbannung[23]) an der Volkspartei zu nehmen. Er hatte 411 bei dem Sturze der Vierhundert mit zu Theramenes gestanden und mit diesem zusammen sich eifrig um die Rückkehr des Alkibiades bemüht. Das freundschaftliche Verhältniss, in dem sie damals standen, hatte sich die ganzen Jahre hindurch gehalten, und bis dahin hatte sich auch auf dem Gebiete der Politik keine zu grosse Verschiedenheit in ihren Ansichten bemerkbar gemacht. Jetzt fingen die beiden grundverschiedenen Charaktere an auseinanderzugehen. Theramenes machte dem Kritias Vorstellungen über sein rücksichtsloses Vorgehen gegen den Demos und gab ihm zu bedenken, dass es doch nicht recht sei angesehene und bei der Gegenpartei in Ehren stehende Männer zu tödten, wenn sie nichts gegen die Oligarchie unternähmen. Er erinnerte ihn daran, dass sie selbst ja beide früher vielfach mit Wort und That bei der Hand gewesen seien, um sich der Bürgerschaft gefällig zu zeigen und ihre Gunst zu erwerben. Kritias aber widersprach ihm, anfangs noch in aller Freundlichkeit, indem er als seine Meinung darlegte, dass die Partei, welche den Vorrang im Staate behaupten wolle, ihre gefährlichsten Gegner aus dem Wege räumen müsse. Sie, ein Collegium von dreissig Gewalthabern, müssten ebenso sehr wie ein einzelner auf die Sicherung ihrer Herrschaft bedacht sein.

Wie richtig aber Theramenes die Sachlage beurtheilte, zeigte sich bald. Als die Dreissig anfingen nicht mehr Sykophanten und Leute dieses Schlages der wohlverdienten Strafe zu überliefern, sondern im Gegentheil das Sykophantenunwesen üppiger wie je zuvor unter ihrem Schutze emporwucherte[24]) und viele ungerecht zum Tode verurtheilt wurden, da stutzte man in der Bürgerschaft, steckte heimlich die Köpfe zusammen und fragte sich verwundert, was denn unter solchen Umständen aus dem Staate werden sollte. Theramenes, der jede Bewegung spähend verfolgte, merkte das bald und erhob nun erst recht seine warnende Stimme, indem er die Forderung stellte, die sich regende Misstimmung durch Zugeständnisse im Keime zu ersticken und der Bürgerschaft irgendwie einen Antheil an der Verfassung zu gewähren; sonst könne unmöglich die Oligarchie Bestand haben. Da sahen freilich Kritias und seine Genossen ein, dass irgend etwas geschehen müsste, um die sich bildende Partei von Unzufriedenen, die sich an Theramenes anzuschliessen

---

22) Vergl. den von Plut. Lys. 15 angeführten Fall. 23) S. S. 291.
24) Vergl. Scheibe, Olig. Umwälz. S. 70.

drohten, zufrieden zu stellen. Nach dem Muster der Fünftausend, die im Jahre 411 an der Verfassung theilhaben sollten, deren Bildung aber damals nie recht zu Stande gekommen war, wurden jetzt dreitausend aus der Bürgerschaft auserlesen, denen allein die Befugnisse einer berathenden und beschliessenden Volksversammlung zustehen sollten. Doch greifen wir gewiss nicht fehl, wenn wir annehmen, dass die Rechte dieser Volksversammlung zumeist nur auf dem Papiere standen und die Dreissig in den allerseltensten Fällen sich dazu verstanden, sie auch wirklich zu berufen, ausser wo es sich darum handelte, sie zur Mitschuldigen zu machen[25]). Wiederum tadelte Theramenes zwar nicht die Massregel selbst, wohl aber die Art der Ausführung. Er erklärte sich nämlich gegen die bestimmte Zahl von dreitausend, da er nicht einsehen könnte, dass dieser Zahl gleichsam die Nothwendigkeit anhaften sollte, dass alles, was zu ihr gehöre, nun auch aristokratisch, und was ausserhalb derselben stände, das Gegentheil davon sei. Der von den Dreitausend Ausgeschlossenen, die natürlich eine Gegenpartei bilden würden, seien in diesem Falle so viele, dass sie der herrschenden Partei überlegen seien. Wir sehen, es sind dieselben Gedanken, die Theramenes 411 den Vierhundert ans Herz legte: damals forderte er, dass die Fünftausend nicht nur dem Namen nach, sondern in Wahrheit ernannt würden und grössere Gleichheit im Verfassungsleben herrschte[26]). Und wie damals nach dem Sturze der Vierhundert, ohne Zweifel nach dem Vorschlage des Theramenes, die Bestimmung getroffen wurde, dass zu den Fünftausend alle gehören sollten, welche eine vollständige Hoplitenrüstung stellen könnten[27]), so verlangte auch jetzt Theramenes, dass alle an der Verfassung theilhaben müssten, die im Stande wären als Reiter oder Hopliten zu dienen[28]). Alle diese Vorstellungen verfehlten nicht ihres Eindruckes bei den Dreissig, nur dass sie nicht im Sinne des Theramenes eine Aenderung trafen, sondern durch eine neue Gewaltthat die politisch Rechtlosen, d. h. alle, die nicht in die Liste der Dreitausend, den sogenannten κατάλογος, eingetragen waren, unschädlich zu machen suchten. Man beraubte nämlich in listiger Weise[29]) diesen Theil der Bürgerschaft seiner Waffen, während man den Dreitausend dieselben liess. Ausserdem wurde festgesetzt, dass letztere nur von dem Rathe gerichtet wer-

---

25) Vergl. Xen. Hell. II, 4, 9 und Breitenbach zu II, 3, 18.
26) Thuk. VIII, 89, 2.   27) Thuk. VIII, 97, 1.   28) Hell. II, 3, 48.
29) Lys. XII, 40 u. 95 und Hell. II, 3, 20. In welcher Weise das Wegnehmen der Waffen geschah, giebt letztere Stelle an; doch ist sie, wenn nicht lückenhaft oder verdorben auf uns gekommen, doch wenigstens so ungenau in ihren Angaben, dass die verschiedensten Deutungen möglich und auch gemacht worden sind, ohne dass es gelingen will feste Anhaltepunkte für die eine oder andere Erklärung zu gewinnen. Ich übergehe daher diese ganze Stelle, zumal sie nur Nebensächliches bringt.

den durften, während in Bezug auf erstere die Dreissig das Recht über Leben und Tod haben sollten[30]). Wahrscheinlich fallen in diese Zeit auch die Verbannungsdekrete gegen Thrasybulos, Anytos und Alkibiades, während andere Athener dem drohenden Verderben sich durch die Flucht entzogen[31]).

So ging ein Riss durch die Bürgerschaft, der von Tage zu Tage grösser wurde, je mehr es den Dreissig gelang die Dreitausend mit in ihr Interesse zu ziehen und dadurch den übrigen Bürgern zu entfremden. Wohl zeugte es von dem Scharfblick des Theramenes, wenn er grade diese Massregel zur Befestigung der Tyrannenherrschaft vorschlug, oder doch wenigstens durch seine Vorstellungen bewirkte, dass sie eingeschlagen wurde; und hätte man ihn, wie er wollte, gewähren lassen, so würde wohl nicht sobald die Herrschaft der Dreissig gestürzt worden sein.

Aber freilich, nachdem einmal das Morden begonnen hatte, war an ein Aufhören nicht mehr zu denken. So z. B. wurde Leon, ein angesehener Bürger, wahrscheinlich derselbe[32]), der als Feldherr im Jahre 411 mit Diomedon, Thrasybulos und Thrasylos die Sache der Vierhundert beim Heere auf Samos zu Fall gebracht hatte[33]) und später noch einmal unter den zehn Feldherrn erscheint[34]), die nach Alkibiades' Fall neu gewählt wurden, von der Insel Salamis herbeigeholt und zum Tode abgeführt. Bezeichnend ist die Weise, wie die Dreissig dabei zu Werke gingen. Sie ertheilten nämlich Sokrates nebst vier anderen athenischen Bürgern den Auftrag, sich nach Salamis zu begeben und Leon von da fortzuführen. Sokrates weigerte sich standhaft und liess sich durch keine Drohungen einschüchtern, trotzdem er wohl wusste, dass ihm seine Weigerung gar leicht den Kopf kosten konnte; die vier anderen aber führten den Befehl aus[35]). Dieser Fall zeigt recht deutlich, wie die Dreissig darauf ausgingen, unbescholtenen und bei den Bürgern in Ansehen stehenden Leuten das Gehässige ihres Thuns mit aufzubürden, sie dadurch der Bürgerschaft zu entfremden und so endlich zum Anschluss an ihre Sache zu bringen; obwohl es sich andererseits nicht verkennen lässt, dass Sokrates wohl kaum diesen Auftrag bekommen haben würde, wenn er nicht mit seinen Sympathien mehr auf Seiten der Dreissig als auf der entgegengesetzten gestanden hätte; wie ja auch der Umstand, dass ihm seine Weigerung völlig straflos hinging, für diese Auffassung spricht[36]). Ein gleiches Schicksal wie Leon erlitten Nikeratos, der Sohn des reichen Nikias, der wie sein

---

30) Hell. II, 3, 51. 31) Hell. II, 3, 42. Später darf man die Verbannungsdekrete nicht ansetzen; denn mit dem zunehmenden Schreckensregimente würden die Dreissig auch über diese Feldherrn wie weiterhin über Leon die Todesstrafe ausgesprochen haben. 32) Darauf deuten die Worte bei Xen. Hell. II, 3, 39 ἀνδρὸς καὶ ὄντος καὶ δοκοῦντος ἱκανοῦ εἶναι. 33) Thuk. VIII, 73. 34) Hell. I, 5, 16 u. 6, 16. 35) Plat Apol. 32 C. 36) Vergl. Scheibe, Olig. Umw. S. 83.

Vater der alten aristokratischen Partei angehörte, aber etwas nach der demokratischen Seite hinneigte[37]), sowie ein gewisser Antiphon, der sich im letzten Kriege durch Stellung von zwei trefflich ausgerüsteten Dreiruderern um den Staat verdient gemacht hatte[38]). Dann bereitete man sich zu einem Hauptschlage gegen die Metoiken vor, die als fleissige Gewerbtreibende zahlreich in Athen ansässig waren und von denen es manche zu einem bedeutenden Vermögen gebracht hatten. Dies reizte die Habsucht der Gewalthaber und schien ihnen die beste Quelle zu sein, um die leere Staatskasse zu füllen und namentlich die Geldmittel für den Unterhalt der fremden Besatzung zu gewinnen[39]). Unangefochten von der Demokratie, wenn sie nur ihr Schutzgeld zahlten, hatten früher die Metoiken in Athen ihre Geschäfte betrieben; jetzt mussten sie mit Furcht und Zittern auf ihre Habe und ihr grade hierdurch bedrohtes Leben blicken: so dass es begreiflich erscheint, wenn grade sie mit der oligarchischen Herrschaft wenig einverstanden waren und im geheimen ihrem Unwillen darüber Luft machten. Das wurde den Dreissig durch ihre Spione bald hinterbracht. Gab aber dies einerseits den erwünschten Vorwand, gegen sie einzuschreiten, so hoffte man andererseits auch bei den Bürgern, die auf manche von den begüterten Metoiken mit Neid hinblickten[40]), nicht allzugrossen Anstoss damit zu erregen. So wurde es Theognis und Peison, zweien von den Dreissig, die diese Sache in Anregung gebracht hatten, nicht schwer sie durchzusetzen, obwohl auch dieses Mal wieder wie bei den zuletzt erwähnten Fällen Theramenes heftig widersprach und auf das verkehrte Verfahren, das nothwendig die eigene Herrschaft untergraben müsse, mit den eindringlichsten Worten aufmerksam machte. „Nimmermehr," sprach er, „scheint es mir schön zu sein, wenn wir, die wir die besten sein wollen, noch ungerechter als die Sykophanten handeln. Denn diese liessen doch wenigstens die, von welchen sie Geld empfingen, am Leben; wir aber wollen Leute tödten, auch wenn sie kein Unrecht gethan haben, bloss damit wir Geld bekommen? Wie? Heisst das nicht in jeder Beziehung ungerechter gehandelt, wie jene handelten?" Vermochte auch dieses Mal Theramenes ebenso wenig wie früher mit seiner Ansicht durchzudringen, so erreichte er doch wenigstens etwas, indem von dem anfänglich gemachten Vorschlage, dass sich jeder von den Dreissig einen Metoiken aussuchen sollte, abgegangen und der Beschluss gefasst wurde,

---

37) Xen. Hell. II, 3, 39 οὐδὲν πώποτε δημοτικὸν πράξαντος; dagegen Lys. XVIII, 6 Νικήρατος εὔνους ὢν τῷ ὑμετέρῳ πλήθει. 38) Hell. II, 3, 40. 39) Lys. XII, 6 τὴν μὲν πόλιν πένεσθαι, τὴν δ'ἀρχὴν δεῖσθαι χρημάτων; Xen. II, 3, 21 ὅπως ἔχοιεν τοῖς φρουροῖς χρήματα διδόναι.
40) Namentlich die Getreidehändler waren verhasst, weil sie jedes Unglück, wovon die Stadt betroffen wurde, benutzten, um die Preise in die Höhe zu schrauben, ja wohl selbst zu diesem Zwecke falsche Gerüchte in Umlauf setzten. Vergl. Lys. XXII, 13—16.

nur zehn[41]) festzunehmen und zu tödten, darunter zwei Arme, um
so den Schein zu wahren, als ob das nicht des Geldes wegen, sondern zum Heile des Staates geschehen sei. Zu den Zehn gehörte
auch Polemarchos, der Bruder des Redners Lysias, der, von Eratosthenes auf der Strasse aufgegriffen und abgeführt, den Schierlingsbecher trinken musste, während Lysias selbst mit genauer Noth
einem gleichen Schicksale sich durch die Flucht entzog[42]).

Wir haben gesehen, wie Theramenes immer weniger mit der
Richtung, welche die Herrschaft der Dreissig annahm, sich einverstanden erklärte und ohne Scheu bei jeder neuen Gewaltmassregel
widersprach. Wie durch die Bürgerschaft, so ging auch durch die
Tyrannenherrschaft selbst ein Riss, der immer grösser wurde und
Sturz und Auflösung unzweifelhaft im Gefolge hatte, wenn es nicht
bei Zeiten gelang dem vorzubeugen. Auf der einen Seite stand
Kritias, der rücksichtslose, vor nichts zurückbebende Vorkämpfer
des starren Parteiprincips und des nacktesten Parteiegoismus; auf
der anderen der weichere, den Umständen und gegebenen Verhältnissen sich anpassende und sie klug ausnützende, auch den edleren
Regungen des Herzens nicht unzugängliche Theramenes, ebenfalls,
wenn auch in anderer Weise, auf das Parteiinteresse und die Sicherung der gewonnenen Herrschaft eifrig bedacht. Jener war kurzsichtig genug, dieselbe durch Befriedigung eigener Rachbegierde und
Vertreibung oder Vernichtung der politischen Gegenpartei stützen
zu wollen, während dieser keinen Augenblick darüber im Unklaren
blieb, dass das grade der sicherste Weg war, der zum Verderben
führte. Es musste ja ein Rückschlag eintreten und alle diejenigen,
die anfangs nur aus Ueberdruss an der entarteten Demokratie den
Bestrebungen der Oligarchen zustimmend oder wenigstens gleichgültig gefolgt waren, wieder in das entgegengesetzte Lager getrieben
werden. Die Dreitausend mochten wohl im allgemeinen auf ihrer
Seite stehen, alle anderen aber waren, seitdem man sie gleichsam
zu Nichtbürgern herabgesetzt hatte, die geschworenen Feinde der
Tyrannen geworden. Auch im Rathscollegium gewann Theramenes
immer mehr mit seinen Ansichten Boden, ja selbst unter den Dreissig
waren manche, wie Eratosthenes und Pheidon[43]), im geheimen mit
ihm einverstanden. Und schon regte es sich auch ausserhalb der
Landesgrenzen, namentlich in Theben, wohin sich vorzugsweise der
Strom der verbannten und flüchtenden Athener gerichtet hatte.
Diese Stadt, wie eifrig sie auch vor nicht allzulanger Zeit für Athens
Untergang gestimmt hatte, empfand doch jetzt reges Mitgefühl mit
der unglücklichen Nachbarstadt, das um so grösser wurde, je mehr

---

41) So vereinigt die abweichenden Zahlen von 30 (Xen. Hell. II, 3, 21
und 10 (Lys. XII, 7) Bremi zu Lys. a. a. O. Diod. XIV, 5, 6 nennt gar
60. 42) Lys. XII, 17. 43) Beide wagten deshalb nach dem Sturze
der Dreissig in Athen zu bleiben.

sie zu der Ueberzeugung kam, dass ein von den Dreissig geknechtetes Athen nothwendig den spartanischen Interessen dienstbar sein müsste. Deshalb nahmen die Thebaner die Athener nicht nur auf, ohne sich viel an das Verbot der Spartaner zu kehren, sondern setzten sogar eine Strafe darauf, wenn jemand einem verbannten Athener nicht thätigen Beistand leistete, um ihn seinen Verfolgern zu entreissen[44]). Nach Theben hatte sich ausser anderen auch Thrasybulos gewandt[45]), dessen Name von 411 her einen guten Klang hatte und der als langjähriger Feldherr wie kein anderer geeignet war, die jetzt noch zersplitterte Masse der Verbannten zu vereinigen und ihr Führer zur Wiedergewinnung des Vaterlandes zu werden. Das wusste Theramenes, das wusste aber auch Kritias. Wollte dieser die Zügel der Regierung in den Händen behalten und sich vor einem Schicksale bewahren, wie es die Häupter der Vierhundert im Jahre 411 betroffen hatte, so galt es kein Besinnen mehr. Front nach zwei Seiten, gegen innere und äussere Feinde, zu machen erschien bedenklich; nur dann durfte er darauf rechnen, das Feld zu behaupten, wenn er wenigstens in Athen selbst keinen Feind im Rücken liess. Theramenes also musste aus dem Wege geräumt und damit die in der Stadt selbst sich erhebende Reaktion im Keime erstickt werden. Demgemäss handelte Kritias. Er stellte den Dreissig die Absichten des Theramenes vor, zeigte ihnen, wie derselbe es auf den Sturz des bestehenden Regimentes abgesehen habe, liess durch sie die Mitglieder des Rathes in ähnlichem Sinne bearbeiten und berief dann eine Rathsversammlung, nachdem er zu derselben eine Schar junger, verwegener und ihm ergebener Leute mit Dolchen unter dem Mantel bestellt hatte, um nöthigenfalls seine Absicht mit Gewalt durchzuführen. Als nun Theramenes erschienen war, erhob sich Kritias, nahm das Wort und sprach ungefähr also[46]):

„Mitglieder des Rathes! Wenn einer von euch glaubt, dass mehr als gut ist durch uns getödtet werden, dann bedenke er, dass, wo Staatsumwälzungen stattfinden, dies überall geschieht. Vollends wer hier bei uns den Versuch macht, zu einer Oligarchie überzugehen, der muss nothwendigerweise sehr viele Feinde haben, weil unsere Stadt die volkreichste in Griechenland und das Volk seit langer Zeit in Freiheit aufgewachsen ist. Wir wissen, dass Leute wie wir und ihr eine Demokratie schwer empfinden, wir wissen ferner, dass die Lakedaimonier, denen wir unsere Rettung verdanken, sich niemals mit der Demokratie befreunden, während sie sich auf die Aristokraten stets verlassen können; und in dieser Ueberzeugung machten wir den Versuch, mit Einwilligung der Lakedaimonier unsere Verfassung einzurichten. Nehmen wir nun wahr, dass jemand ein Gegner der Oligarchie ist, so räumen wir ihn nach Kräften aus dem

---

44) Plut. Lys. XXVII.   45) Xen. Hell. II, 4, 2.   46) Xen. Hell. II, 3, 24 ff.

Wege; um so mehr erachte ich es für gerecht, wenn einer aus unserer eigenen Mitte die Verfassung schädigt, diesen zu bestrafen. Jetzt nun nehmen wir wahr, dass Theramenes da mit allen möglichen Mitteln uns und euch zu verderben trachtet. Dass dies wahr ist, werdet ihr finden, wenn ihr bedenkt, dass keiner mehr als Theramenes da die augenblicklichen Zustände tadelt und keiner mehr sich zu widersetzen sucht, wenn wir einen von den Demagogen aus dem Wege räumen wollen. Hätte er diese Ueberzeugung von Anfang an ausgesprochen, so wäre er zwar unser Feind, doch ihn deshalb für einen Schuft zu halten, wäre in diesem Falle nicht gerechtfertigt; so aber hat er selbst den Anfang damit gemacht, sich mit Vertrauen und Freundschaft den Lakedaimoniern zu nahen und die Demokratie zu stürzen; und nachdem er wie kein anderer uns aufgemuntert hat über die ersten, die vor unseren Richterstuhl geführt wurden, den Stab zu brechen, will er jetzt, wo ihr und wir offenkundige Feinde der Demokratie geworden sind, nichts mehr von dergleichen wissen, damit er selbst sich nun wieder in Sicherheit bringt und wir für das Gethane büssen. Deshalb kommt es ihm zu, dass er nicht nur als Feind, sondern auch als Verräther an euch und uns bestraft werde. Ist ja doch Verrath um so viel schlimmer als offener Kampf, je schwieriger es ist vor dem Unsichtbaren auf der Hut zu sein als vor dem Sichtbaren, und um so verhasster, insofern man mit offenen Feinden sich wieder verträgt und Zutrauen zu ihnen fasst; wen man aber einmal als Verräther ertappt, mit dem hat noch keiner sich wieder vertragen noch ihm inskünftige vertraut." Um nun zu zeigen, dass solche Verrätherei bei Theramenes nichts Neues, sondern ihm gleichsam angeboren sei, unterzog Kritias sein ganzes bisheriges politisches Auftreten einer scharfen Kritik. Er suchte darzulegen, wie Theramenes gar eifrig mit dabei gewesen sei, die Herrschaft der Vierhundert zu gründen, um bald darauf sie wieder zu stürzen, als er gemerkt habe, dass der Wind von einer anderen Seite zu wehen beginne. Daher sein Beiname Kothornos. Es seien wohl alle Staatsumwälzungen mit Blutvergiessen verbunden; Theramenes aber sei seiner Mantelträgerei halber nicht nur an dem Tode vieler Demokraten, sondern ebenso sehr auch an dem vieler Oligarchen schuld. Im Feldherrnprozesse ferner habe er, um sich selbst zu retten, die Feldherrn angeklagt und so ihren Tod verursacht. Ein solcher Mensch verdiene keine Schonung, das gebiete schon die Pflicht der Selbsterhaltung. Zum Schluss wies er darauf hin, dass, wenn Theramenes ungestraft davon käme, den Feinden der Oligarchie gewaltig der Kamm schwellen, dass dagegen mit seinem Tode die Hoffnungen derselben sowohl in Athen wie ausser Landes einen starken Stoss erhalten würden.

Theramenes war auf diesen Angriff und auf eine so furchtbare Anklage nicht vorbereitet, wenn ihm auch unmöglich entgangen sein konnte, dass in seinem Verhältniss zu Kritias eine Aenderung eingetreten war und die Dreissig in ihrer Mehrzahl sich ihm täglich mehr entfremdeten. Er unterschätzte offenbar die Gefahr, die ihm von der Seite drohte, in der Ueberzeugung, dass man bei dem Ansehen, in welchem er seit alter Zeit und seit seinem jüngsten Auftreten gegen die Schreckensherrschaft der Dreissig mehr als je beim Volke stand, es nicht wagen würde sich an ihm zu vergreifen. Er sollte zu spät einsehen, dass er sich diesmal gründlich verrechnet hatte. Aber noch einmal raffte er sich auf und widerlegte in einer glänzenden Rede Stück für Stück die Anschuldigungen des Kritias. Wir wollen sie, da in ihr sein ganzes politisches Glaubensbekenntniss enthalten ist, vollständig, so wie sie uns Xenophon überliefert hat, wiederzugeben versuchen. So wie also Kritias geendet und sich gesetzt hatte, erhob sich Theramenes und begann also:

„Zuerst will ich, Männer, das berühren, was er zuletzt gegen mich gesagt hat. Er behauptet nämlich, ich habe durch meine Anklage den Tod der Feldherrn herbeigeführt. Aber ich habe doch wohl nicht mit einem Berichte gegen sie den Anfang gemacht, sondern sie erklärten, dass ich trotz ihres Befehles die in der Seeschlacht bei Lesbos Verunglückten nicht gerettet hätte. Ich vertheidigte mich damit, dass es wegen des Sturmes nicht einmal möglich war auszulaufen, geschweige denn die Mannschaft zu retten, und die Bürgerschaft hielt dies für wahrscheinlich, während jene sich selbst anzuklagen schienen. Denn obwohl sie die Rettung der Mannschaft für möglich erklärten, gaben sie dieselbe dem Untergange preis und segelten fort. Ich darf mich freilich nicht darüber wundern, wenn Kritias die Sache im falschen Lichte darstellt[47]); denn als das geschah, war er grade nicht anwesend, sondern versuchte in Thessalien im Bunde mit Prometheus eine Demokratie ins Leben zu rufen und die Hörigen gegen ihre Herren zu bewaffnen. Was er also dort that — o möchte doch von dem unsere Stadt verschont bleiben! Darin freilich stimme ich ihm bei, dass, wenn jemand eurer Herrschaft ein Ende machen will und eure Widersacher stark macht, diesen mit Recht die grösste Strafe treffe; wer jedoch der ist, der dieses thut, das, glaube ich, dürftet ihr erst dann am besten beurtheilen, wenn ihr auf das, was ein jeder von uns gethan hat und jetzt thut, euer Augenmerk richtet. Nicht wahr, bis zu dem Augenblicke, wo ihr in den Rath eintratet und Aemter übernahmet und stadtkundige Sykophanten belangt wurden, waren wir alle derselben Ansicht; als aber die Dreissig anfingen brave Männer festzunehmen, seit der Zeit fing auch ich an entgegengesetzter Meinung wie sie zu sein. Denn als der Salaminier Leon, ein Mann von Fähigkeit und als solcher bekannt, den Tod erlitt,

---

47) So etwa muss es nach dem Zusammenhange heissen; die Lesart παρανενομηκέναι giebt keinen Sinn. S. Breitenbach zu Xen. Hell. II, 3, 36.

ohne das geringste verbrochen zu haben, da wusste ich, dass alle seines Gleichen in Furcht gerathen und in ihrer Furcht Gegner unserer Politik sein würden. Und als Nikeratos, der Sohn des Nikias, festgenommen wurde, der bei seinem Reichthum noch nie etwas Volksthümliches, so wenig wie sein Vater, gethan hatte, da erkannte ich, dass alle seines Gleichen gegen uns feindlich gesinnt werden würden. Vollends als auch Antiphon durch uns seinen Untergang fand, der in dem letzten Kriege zwei vortrefflich segelnde Dreiruderer stellte, da wusste ich, dass auch alle die, welche dem Staate eifrig gedient, Verdacht gegen uns hegen würden. Ich widersprach auch damals, als man erklärte, es müsse jeder einen von den Metoiken fassen; denn das lag doch klar zu Tage, dass mit dem Untergange dieser auch die Metoiken sämmtlich Feinde der Verfassung sein würden. Ich widersprach aber auch, als man dem grossen Haufen die Waffen fortnehmen wollte, indem ich dafür hielt, dass man die Stadt nicht schwächen dürfe. Sah ich doch, dass nicht einmal die Lakedaimonier uns um den Preis zu retten wünschten, dass wir auf wenige reducirt ihnen in keinerlei Weise von Nutzen sein könnten. Es stand ihnen ja frei, wenn das in ihrem Interesse läge, auch nicht einen einzigen von uns übrig zu lassen, wenn sie nur eine kleine Weile uns noch weiter durch Hunger bedrängten. Auch das fand nicht meinen Beifall, dass eine fremde Besatzung in Sold genommen wurde, da es uns frei stand so viele von den eigenen Bürgern heranzuziehen, bis wir sicher sein konnten, dass wir als die herrschenden mit Leichtigkeit die Beherrschten in unserer Gewalt haben würden. Als ich jedoch sah, dass viele in der Stadt feindlich gesinnt gegen unsere Herrschaft waren, viele auch landesflüchtig wurden, da schien es mir andererseits nicht gut Thrasybulos, Anytos und Alkibiades zu verbannen; denn ich wusste, dass so die Gegenpartei stark sein würde, wenn zu der Menge treffliche Führer stiessen und denen, die die Führung übernehmen wollten, Kampfgenossen in Menge sich zeigten. Wer also in dieser Weise seine warnende Stimme ertönen lässt, dürfte der mit Recht für einen Wohlthäter oder für einen Verräther gelten? Nicht die, Kritias, die verhindern, dass die Feinde zahlreich werden, noch die, welche zeigen, wie man die meisten Bundesgenossen erwirbt, machen die Feinde stark, sondern vielmehr die, welche in ungerechter Weise Schätze rauben und Unschuldige tödten, die sind es, die die Feinde zahlreich machen und nicht nur ihre Freunde, sondern auch sich selbst durch ihre schnöde Habsucht verrathen. Wenn ihr die Wahrheit meiner Behauptungen nicht anders einsehen könnt, so betrachtet's einmal von dieser Seite. Meint ihr, dass Thrasybulos, Anytos und die anderen Flüchtlinge lieber sehen, wenn das hier geschieht, was ich befürworte, oder was die Dreissig vorhaben? Denn jetzt fürwahr, glaube ich, müssen sie der Meinung sein, dass alles von Bundesgenossen voll ist. Wenn aber der stärkste Theil der Bürger-

schaft uns freundlich gesinnt wäre, dann würden sie es wohl für
schwierig halten, auch nur irgendwo das Land zu betreten. Was
ferner die Behauptung des Kritias betrifft, ich sei so einer, der fort-
während umsattele, so bedenkt auch dieses. Die Verfassung unter
den Vierhundert hat doch wohl das Volk selbst mit beschlossen, da
ihm gezeigt wurde, dass die Lakedaimonier jeglicher Verfassung
mehr Vertrauen schenken würden als einer Demokratie. Als freilich
die Lakedaimonier in keinerlei Weise die Feindseligkeiten einstellten
und die Feldherrn von der Partei des Aristoteles, Melanthios und
Aristarchos, wie klar zu erkennen war, auf dem Hafendamm ein
Bollwerk befestigten, in welches sie die Landesfeinde aufnehmen und
so die Stadt unter ihre und ihrer Genossen Gewalt bringen wollten
— wenn ich das bemerkte und hinderte, heisst das ein Verräther
an den Freunden sein? Kritias nennt mich wegwerfend Kothornos,
als ob ich versuchte mich beiden Parteien anzupassen. Wer aber
keiner von beiden Parteien gefällt, wie muss man bei den Göttern
den in aller Welt nur nennen? Denn du, Kritias, wurdest zu
den Zeiten der Demokratie für den allergrössten Feind des Demos
gehalten, und zu den Zeiten der Aristokratie hast du am meisten
unter allen die Aristokraten gehasst. Ich aber, Kritias, kämpfte
jeder Zeit gegen die an, die da glauben, es gäbe nicht eher eine
vortreffliche Demokratie, als bis auch die Sclaven daran betheiligt
seien sowie alle diejenigen, die, weil sie keinen Heller im Vermögen
haben, vorkommenden Falls auch um einen Heller den Staat verkaufen würden; aber ebenso bin ich auch jeder Zeit ein Gegner derjenigen, die da meinen, es könne nicht eher hier eine vortreffliche
Oligarchie entstehen, als bis sie den Staat in die Lage gebracht
hätten, dass er von wenigen gewaltthätig regiert werde. Hingegen
im Verein mit denen, die im Stande sind als Reiter und Schwerbewaffnete sich nützlich zu machen, die Verfassung zu ordnen[48]),
das habe ich früher schon für das beste erachtet und bin auch jetzt
noch derselben Meinung. Wenn du aber, Kritias, anzugeben weisst,
wo ich im Bunde mit Volks- oder Tyrannenfreunden die Aristokraten von der Verfassung auszuschliessen suchte, so sage es. Denn
wenn ich überführt werde, dass ich jetzt dies betreibe oder jemals
früher betrieben habe, dann will ich einräumen, dass ich die aller-
härteste Strafe verdiene und mit vollem Rechte sterbe."

So Theramenes' Worte, wie sie Xenophon uns überliefert hat,
unzweifelhaft mit treuster Wiedergabe dessen, was er selbst vielleicht mit anhörte. Aber gesetzt auch, dass Xenophon selbst nicht
im Rathhause anwesend war, so handelte es sich im vorliegenden
Falle doch um einen Kampf zwischen den beiden bedeutendsten
Männern des damaligen Athens, von dessen Ausgang das Schicksal
des Staates abhing. Das regte natürlich die Bürgerschaft bis in die

---

48) διατάττειν nach Dindorf's Conject. für διὰ τούτων.

untersten Schichten auf, und tagelang sprach man von nichts anderem, als was Kritias und Theramenes gesprochen, wie herrlich sich letzterer vertheidigt, welchen tiefen Eindruck er auf alle Zuhörer gemacht und wie er trotzdem der Gewalt habe weichen und den Tod erleiden müssen. Das alles prägte sich fest ein, wurde auch wohl hie und da niedergeschrieben und von Xenophon später benutzt. Die ganze Rede entspricht auch vollständig dem Bilde des Mannes, wie es sich im Verlaufe der Darstellung gestaltet hat. Ein und das andere mag Xenophon wohl übergangen haben. Lysias[49]) wenigstens führt noch an, dass Theramenes denen, die durch seine Vermittelung aus der Verbannung zurückgekehrt seien, Vorwürfe darüber machte, dass sie ihm nicht beiständen, dass er ferner seine Verdienste um die Errichtung der Oligarchie hervorhob und sich selbst als den eigentlichen Urheber der ganzen Staatsumwälzung hinstellte, wofür er nun schliesslich solchen Dank ernten müsse. Vielleicht sprach Theramenes dieses und ähnliches, was auf die Erregung des Mitleids seitens seiner Zuhörer abzielte, am Ende seiner Rede[50]), oder was noch wahrscheinlicher ist, erst späterhin vom Altare des Sitzungssaales aus, wohin er sich flüchtete, als Kritias seinen Namen aus dem Verzeichnisse der Dreitausend strich. Da flehte er, wie wir sogleich sehen werden, die Rathsmitglieder an, sie möchten ihm und damit zugleich sich selbst zu Hülfe kommen.

Der Eindruck, den die Rede auf die Anwesenden, namentlich auf die Rathsmitglieder hervorbrachte, war ein gewaltiger. Man konnte deutlich das Beifallsgemurmel hören, und es unterlag keinem Zweifel, dass, wenn es zur Abstimmung kam, Theramenes' Freisprechung erfolgen musste. Ein solcher Gedanke aber war Kritias unerträglich; er wusste, dass es dann vorbei mit seiner Macht, ja vielleicht mit seinem Leben war: lieber todt also, als solches gestatten. Er trat zu den Dreissig, wechselte leise einige Worte mit ihnen und verliess den Saal. Draussen vor der Thür standen seine Schergen mit Dolchen unter dem Mantel. Kritias befahl ihnen ohne Scheu in den Saal und an die Schranken zu treten. Dann ging er selbst wieder hinein, wandte sich an den Rath und begann: „Mitglieder des Rathes! Ich halte es für die Pflicht eines Staatslenkers, wie er sein muss, dass, wenn er sieht, wie man seine Freunde betrügt, er dies nicht zulasse. So also will auch ich handeln. Denn die da oben hingetreten sind — damit wies er auf die Schergen — erklären, sie würden uns nicht die Erlaubniss dazu geben, wenn wir Willens seien den Mann freizulassen, der so offenkundig die Oligarchie zu Grunde richtet. In den neuen Gesetzen ist die Bestimmung enthalten, dass von denen, die zu den Dreitausend gehören, keiner ohne eure Abstimmung sterben darf, während über die ausserhalb der Liste Stehenden die Dreissig die Befugniss haben sollen.

---

49) Lys. XII, 77. 50) Scheibe, Olig. Umwälzung S. 91.

den Tod auszusprechen. Ich streiche also nach dem einstimmigen Beschlusse aller meiner Amtsgenossen Theramenes aus der Liste, und wir sprechen über ihn den Tod aus." Als Theramenes dies hörte, sprang er zum Staatsaltar, der im Sitzungssaale stand, und sprach zu dem Rathe gewendet: „Was ich, Männer, flehentlich erbitte, das ist das allergesetzlichste, dass es nämlich nicht in Kritias' Macht liege mich oder irgend einen von euch nach Belieben aus der Liste zu streichen, sondern dass für euch sowohl wie für mich das Urtheil nach dem Gesetze gefällt werde, welches die Dreissig selbst über die in der Liste Stehenden festgesetzt haben. Zwar weiss ich, bei Gott, nur zu gut, dass mir dieser Altar hier nichts nützen wird, aber ich will doch auch das noch zeigen, dass die Dreissig nicht nur gegen die Menschen am ungerechtesten, sondern auch gegen die Götter am ruchlosesten sind. Ueber euch jedoch, wackre Männer, muss ich mich wundern, dass ihr euch selbst nicht helfen wollt, obwohl ihr recht gut einseht, dass der Name eines jeden von euch ebenso leicht wie der meinige auszustreichen ist."

Aber der Rath rührte sich nicht, ja machte nicht einmal den leisesten Versuch gegen dieses allem Gesetze und Rechte Hohn sprechende Verfahren sich zu verwahren: so vollständig liess er sich durch die drohenden Mienen der gegen die Schranken andrängenden Schergen des Kritias und der Eilfmänner in Schrecken setzen. Hierauf ertheilte der Herold der Dreissig den Eilf den Befehl, Hand an Theramenes zu legen. Diese sammt ihren Amtsdienern drangen jetzt ein in die Schranken, geführt von Satyros, dem verwegensten und schamlosesten unter ihnen, während Kritias die Worte an sie richtete: „Wir übergeben euch diesen Theramenes hier, nachdem er nach dem Gesetze verurtheilt worden ist; ihr aber ergreifet ihn, führet ihn fort nach dem Gefängnisse und thuet dann das Weitere!" Nun zerrte ihn Satyros, unterstützt von seinen Amtsdienern, vom Altare fort, während Theramenes Götter und Menschen zu Zeugen der Gewaltthat anrief. Und der Rath rührte sich auch jetzt noch nicht: ängstlich blickte er auf Satyros und seine Schergen, horchte er auf den Waffenlärm der Söldner, die den Platz vor dem Rathhause besetzt hielten, wohl wissend, dass dieselben erforderlichenfalls ihre Waffen auch gebrauchen würden. So wurde Theramenes über den Markt geführt, ohne dass aus der mitleidfühlenden Menge eine Hand sich für ihn zu erheben wagte[51]), während er mit lauter

---

51) Die Anekdote, dass Sokrates (Diod. XIV, 5, 2) oder Isokrates (Plutarchos, Leben des Isokrates) mit zweien seiner Vertrauten den Versuch gemacht hätte, Theramenes aus den Händen der Eilfmänner zu befreien, dass er aber, von diesem gebeten sich nicht nutzlos aufzuopfern, schliesslich davon abgestanden sei, kann einer strengen Kritik gegenüber nicht standhalten. Dass von Sokrates dies nicht gelten könne, zeigt Scheibe S. 96 Anm. 15, der der Meinung ist, dass entweder ein Irrthum des Diodoros zu Grunde liege oder dort Isokrates gelesen werden müsse.

Stimme kundthat, was er leiden müsse. Und als ihn Satyros anherrschte, dass es ihm schlimm ergehen würde, wenn er nicht schweige, fragte er: „Wenn ich aber schweige, dann wird's mir also nicht schlimm ergehen?" Diese letzten Worte zeigen, dass er sich bereits in sein Schicksal ergeben hatte, und mit diesem Augenblicke gewann er die Ruhe, ja die Heiterkeit der Seele wieder, die er von da an bis zu seinem letzten Athemzuge wie ein echter Philosoph bewahrte. Denn als ihm im Gefängnisse der Schierlingsbecher gereicht wurde, trank er ihn ohne zu zucken aus; die Neige aber schleuderte er, wie erzählt wurde, auf den Boden, und hiermit dem Kritias gleichsam das Verderben zutrinkend sprach er: „Dies sei für den schönen Kritias bestimmt." So starb er, noch im Angesichte des Todes voll heiteren Scherzes, ebenso mannhaft und gelassen, wie vier Jahre später sein einstiger Lehrer Sokrates in den Tod ging. —

Es bleibt uns zum Schlusse noch übrig, die wesentlichen Züge, wie sie in der vorliegenden Darstellung sich ergeben haben, in aller Kürze zu einem einheitlichen Bilde zusammenzustellen.

Theramenes war der Sprössling einer einflussreichen aristokratischen Familie und genoss in seiner Jugend den Unterricht der bedeutendsten Männer der damaligen Zeit, eines Sokrates, Gorgias und Prodikos, um hierdurch zu der Laufbahn eines Staatsmannes sich vorzubereiten. Ausgestattet mit hervorragenden Eigenschaften des Geistes wie des Körpers, die zwar nicht so glänzende und ungewöhnliche wie die seines Zeitgenossen Alkibiades waren, schien er hierzu im hohen Grade berufen zu sein. Und doch mangelte ihm hierzu mancherlei, vor allem das offene, ehrliche Handeln und Farbebekennen auf politischem Gebiete: Sein politisches Ideal war es, eine Aristokratie im edelsten Sinne des Wortes zu schaffen, d. h. eine Verfassung, in der die besten Elemente der Bürgerschaft die Zügel der Regierung in Händen hätten, um so die schädlichen Auswüchse einer gewaltthätigen Oligarchie und einer ochlokratischen Wirthschaft zu bannen, wie er sie in Athen erlebte. Allerdings waren damals die Verhältnisse durchaus nicht dazu angethan, wenn

---

Ich gehe noch weiter und glaube, dass die Erzählung auch auf Isokrates bezogen nicht stichhaltig ist, aus dem einfachen Grunde, weil Xenophon nichts davon berichtet. Bei der Genauigkeit, mit der Xenophon grade die letzten Schicksale des Theramenes erzählt, würde er den Versuch zu seiner Befreiung nicht übergangen haben. Wenn er am Schlusse der Erzählung II, 3, 56 unbedeutende Anekdoten anführt, die er als solche mit den Worten λέγεται δὲ ἓν ῥῆμα und weiterhin ἀποφθέγματα οὐκ ἀξιόλογα klar kennzeichnet, um wieviel mehr würde er alle Ursache gehabt haben eine von jedermann und womöglich von ihm selbst mit angesehene Scene zu erwähnen. Grote S. 505 Anm. 93 kommt zu demselben Resultate; doch scheinen mir die Gründe, die er für seine Meinung vorbringt, nicht stichhaltig zu sein.

wir einmal von der Möglichkeit oder Unmöglichkeit absehen, dass er diesem Ziele in grader Richtung hätte zusteuern können. Denn es gab in Athen eigentlich nur zwei scharf einander gegenüberstehende Parteien, Demokraten und Oligarchen, während die Partei des Theramenes, die in der Mitte zwischen diesen stand, zu unbedeutend war oder doch wenigstens zu unbedeutende Männer in ihren Reihen zählte, als dass sie den beiden anderen Parteien mit Erfolg die Herrschaft hätte streitig machen können. Theramenes machte den Versuch zweimal, das eine Mal im J. 411 mit einigem Erfolge, das zweite Mal im J. 404 mit vollständigem Nichterfolge und Untergange. Aber beidemale war er durch die Macht der Verhältnisse genöthigt auf Umwegen seinem Ziele sich zu nähern, d. h. zuvörderst durch einen Bund mit den Oligarchen die Demokratie niederzuwerfen und dann erst den Versuch zur Herstellung einer aristokratischen Verfassung zu machen. Das erste Mal that er allerdings diesen Schritt mehr unbewusst: wie die Verhältnisse einmal lagen und wie sie von Peisandros nach seiner Rückkehr von Samos dargestellt wurden, blieb einem Athener, der es wirklich ehrlich mit der Rettung seines Vaterlandes meinte, kaum etwas anderes übrig, als dessen Plänen die Hand zu reichen. Aber Theramenes bedachte sich auch keinen Augenblick, als die Ziele der Oligarchen auf Landesverrath und Vernichtung der Selbstsändigkeit Athens gingen, sich von ihnen loszusagen und offen ihre Pläne zu enthüllen. Sein Verdienst ist es, damals Athen vor den verderblichen Folgen eines Bürgerkrieges bewahrt und, fast ohne einen Blutstropfen zu vergiessen, wieder zu den geordneten Zuständen einer aristokratischen oder gemässigten demokratischen Verfassung geführt zu haben. Freilich dauerte dieselbe nicht allzulange; bald war wieder die alte ochlokratische Wirthschaft, wie sie sich in der Amtsentsetzung des Alkibiades, dem Feldherrnprozesse und dem wüsten Geschrei Kleophons gegen den Friedensabschluss nur zu deutlich kennzeichnete, mehr als je vorhanden; und so können wir uns nicht wundern, wenn Theramenes, als er zum zweiten Male den Versuch machte, an die Spitze des Staates zu treten, durchaus nicht zauderte im Bunde mit den Oligarchen bei der Niederwerfung, ja Vernichtung der Demokratie als einer der ersten thätig zu sein. Dieses Mal that er den Schritt mit vollem Bewusstsein und in der festen Ueberzeugung, dass von einer Demokratie für Athen nichts Gutes, vor allem nicht der Abschluss eines dauernden Friedens zu erlangen sei. Und fast schien es einen Augenblick, als wenn dieses Mal seine Pläne gelingen sollten. Denn als das Haupt der Gesandtschaft, welche die Friedenspräliminarien mit Sparta abschloss, hatte er Gelegenheit, seine Gedanken an massgebender Stelle, namentlich bei Lysandros, auseinanderzusetzen und demnächst bei der Neugestaltung der athenischen Verfassung zu verwerthen. Sein Vorschlag war es, dreimal zehn Männer aus den drei Parteien an die Spitze des Staates zu stellen und so sein Ideal einer aristokratischen Regierung durch Heranziehung der tüchtigsten Bürger aller Parteirichtungen ins Leben zu rufen. Aber er täuschte sich über die Macht der Verhältnisse wie über seine eigene Kraft. Er kannte die Oligarchen schlecht, wenn er ihnen Selbstüberwindung genug zutraute, um ihre rach- und selbstsüchtigen Pläne aufzugeben, er kannte auch sich selbst schlecht, wenn er vermeinte durch sein Ansehen beim Volke, seine philosophischen Doctrinen und die Macht seiner Rede auf die Dauer das Heft in den Händen zu behalten. Seiner Hand gebrach die Festigkeit und rücksichtslose Energie, wie sie Kritias besass, und so gelang es diesem bald ihn zu verdrängen und zu vernichten. Dass Theramenes kurzsichtig genug war, Elemente, die sich nicht mit einander vertrugen, vereinigen und nach seinem Willen lenken zu wollen, das hat er mit dem Tode büssen müssen.

Liegt so Theramenes' Bedeutung hauptsächlich auf politischem Gebiete, so wollen wir doch darüber nicht seine grossen Verdienste vergessen, die er auch auf einem anderen Schauplatze und in anderer Stellung sich um Athen erworben hat. Drei Jahre lang führte er im Bunde mit Alkibiades und Thrasybulos die athenische Flotte von Sieg zu Sieg, und wenn auch den genialen Plänen und der rastlosen Thätigkeit des Alkibiades als Oberfeldherrn vorzugsweise die Palme gebührt, so müssen wir doch Thrasybulos und Theramenes es hoch anrechnen, dass sie einerseits willig und neidlos sich dem grösseren Amtsgenossen fügten und eifrig auf seine Pläne eingingen, andererseits aber manche nicht unbedeutende That auch ohne ihn mit Glück ausführten. Eine so glänzende, fast von keinem Unfall getrübte Siegeslaufbahn, wie die Jahre 411—408 waren, wo die drei (zum Theil mit Thrasylos vier) Männer einträchtig zusammen wirkten, hat Athen während des ganzen Verlaufes des peloponnesischen Krieges nicht gehabt.

Der dunkelste Fleck im Leben des Theramenes scheint auf den ersten Blick sein Verhalten im Feldherrnprozesse zu sein, indem sein unedles, rachsüchtiges Eingreifen hauptsächlich den Prozess zu Wege und dann zu seinem schlimmen Ende geführt hat. Aber wir haben auch gesehen, dass, wenn nicht alle Zeichen trügen, Theramenes der zuerst angegriffene war, der sich seiner Haut wehrte und, einmal auf den Tod gereizt, den Kampf auch dann noch fortsetzte, als für ihn die Gefahr bereits vorüber war. Das war allerdings kein edelmüthiges, aber nach den Grundsätzen der Alten doch völlig gerechtfertigtes Verfahren.

Alles in allem erscheint er als ein bedeutender Mann, der bei einem glühenden, vielleicht auch von Ehrgeiz und Selbstsucht nicht freien Verlangen, seine Kräfte dem Staate zu widmen, entscheidend in die Geschicke Athens eingegriffen und sich die grössten Verdienste um dasselbe erworben hat. Ein edel angelegter Charakter ist es nicht, aber sein Tod, den er im besten Mannesalter für seine Mitbürger erlitt, söhnt uns doch mit manchen Zügen aus, die uns an ihm weniger gefallen; und ich kann Wattenbach nur beistimmen, wenn er meint, dass, falls Theramenes im Jahre 404 ebenso wie sieben Jahre vorher mit seinen Ansichten durchgedrungen wäre und über Kritias und dessen Partei den Sieg davon getragen hätte, gar manche, die ihn verdammt haben, mit den höchsten Lobsprüchen erhoben und als den Begründer einer neuen, glücklicheren Zeit für Athen gepriesen haben würden[52]).

---

52) De quadring. Athen. fact. S. 57.

Inhalt.

	Seite.
I. Einleitung	227
II. Herkunft, Bildungsgang und erstes Auftreten des Theramenes im J. 411	232
III· Theramenes' Thaten als Feldherr 411—408	254
IV. Der Feldherrnprozess im J. 406	265
V. Theramenes' Antheil an den Ereignissen des J. 404	283
VI. Die dreissig Tyrannen und Theramenes' Tod	299